Philipp Schweizer

Die DIN EN ISO 9001 und das Produkt Mensch

Über den Sinn und Unsinn der Qualitätsmanagementnorm in der Sozialen Arbeit

Diplomica® Verlag GmbH

Schweizer, Philipp: Die DIN EN ISO 9001 und das Produkt Mensch: Über den Sinn und Unsinn der Qualitätsmanagementnorm in der Sozialen Arbeit, Hamburg, Diplomica Verlag GmbH 2012

ISBN: 978-3-8428-9093-0
Druck: Diplomica® Verlag GmbH, Hamburg, 2012

Bibliografische Information der Deutschen Nationalbibliothek:
Die Deutsche Nationalbibliothek verzeichnet diese Publikation in der Deutschen Nationalbibliografie; detaillierte bibliografische Daten sind im Internet über http://dnb.d-nb.de abrufbar.

Die digitale Ausgabe (eBook-Ausgabe) dieses Titels trägt die ISBN 978-3-8428-4093-5 und kann über den Handel oder den Verlag bezogen werden.

Inhaltsverzeichnis

Abkürzungsverzeichnis

abH   ausbildungsbegleitende Hilfen

AMDL   Arbeitsmarktdienstleistungen

BA   Bundesagentur für Arbeit

BaE   Berufsausbildung in außerbetrieblichen Einrichtungen

BEJ   Berufseinstiegsjahr

BvB   Berufsvorbereitende Bildungsmaßnahme

BVJ   Berufsvorbereitungsjahr

DIN   Deutsches Institut für Normung

EFQM   European Foundation for Quality and Management

EN   Europäische Norm

EQJ   Einstiegsqualifizierungsjahr

ESF   Europäischer Sozialfonds

GWB   Gesetz gegen Wettbewerbsbeschränkung

IASSW   International Association of Schools of Social Work

IFSW   International Federation of Social Workers

ISO   International Organization for Standardization

PDCA   Plan, Do, Check, Act

QM   Qualitätsmanagement

REZ   Regionales Einkaufszentrum

TQM   Total Quality Management

UNO   United Nations Organization

VgV	Vergabeverordnung
VOL/A	Vergabe und Vertragsordnung für Leistungen
WILPF	Women´s International League for Peace and Freedom

Abbildungsverzeichnis

Einleitung

„Es fing ganz allmählich an. Auf einmal tauchten bei uns im Jugendamt hier und da neue Begriffe auf: Budget, Qualitätssicherung, Steuerung, Effektivität, Effizienz ... Wir wurden auf der alljährlichen Fachtagung von unserem Amtsleiter dazu aufgefordert, herauszufinden, was wohl das ‚Produkt' unserer Arbeit sein könnte: War unser Produkt der arbeitsfähige und arbeitswillige Jugendliche? Oder produzierten wir möglichst glückliche Jugendliche oder solche, die ihr Leben bewältigen konnten? Oder waren unsere Produkte vielleicht nur die Arrangements, die es einem Jugendlichen ermöglichten, sein Leben einmal bewältigen zu können?" (Seithe 2012, S. 116)

Mechthild Seithe beschreibt in ihrem Buch äußerst anschaulich, wie sie in ihrer eigenen praktischen Arbeit seit Beginn der 1990er Jahre eine Veränderung der Sozialen Arbeit hin zu einem gesteuerten „Pseudomarkt" (Seithe 2012, S. 116) erlebt. Doch was ist das Produkt der Sozialen Arbeit? Der Sozialmarkt ist kein Markt von Industrieprodukten. Die Klienten, Nutzer oder Teilnehmer der Sozialen Arbeit als Output oder Produkt zu bezeichnen, erscheint mir auch eher fragwürdig.

Natürlich ist der Mensch nicht das Produkt Sozialer Arbeit! Die Soziale Arbeit ist das Produkt, aber kann dieses Produkt ebenso wie Industrieprodukte betrachtet werden? Gerade in der Verbindung von Produktion und Qualitätsmanagement geht es doch zumeist um wiederholbare Produktion. Die liegt aber nur dann vor, wenn der Werkstoff in gleicher Qualität beliebig oft wiederbeschafft werden kann (vgl. Steven 2007, S. 29). Ist der Mensch also doch eher der Werkstoff, welcher zur Produktion von Sozialer Arbeit benötigt wird? Man stelle sich einmal vor, man nimmt den Werkstoff Mensch aus der Produktion von Sozialer Arbeit heraus. Dann bricht die Produktion zusammen, es gibt sie einfach nicht mehr.

Solche Überlegungen müssen angestellt werden, da es heute genau wie in den 1990er Jahren bei Mechthild Seithe darum geht, dass Soziale Arbeit als Dienstleistung auf dem Pseudo-Sozialmarkt mit Begriffen aus der Ökonomie überflutet wird (vgl. Seithe 2012, S. 223). Demnach ist der Mensch also kein Produkt und auch kein Werkstoff, sondern ein Kunde. Daher wird vielerorts auch von Kundenorientierung gesprochen. Diese Kundenorientierung soll die Nutzerperspektive der Dienstleistung sowie die Privilegierung der AdressatInnen besonders betonen. Interessant ist die Bezeichnung als Kunde also theoretisch, weil sie die Möglichkeit schafft, dass die Produktqualität aus Sicht des Adressaten beurteilt wird. Wie noch hinreichend dargestellt wird, legt insbesondere das Qualitätsmanagement sehr großen Wert auf eine bestmögliche Kundenorientierung des Dienstleisters. Der Kunde besitzt in diesem Szenario Macht, und insbesondere der Kunde, der allein auf dem Markt agiert und die Wahl hat zwischen allen Anbietern Sozialer Arbeit. Dienstleister passen auch in der Sozialen Arbeit zunehmend ihre Leistungen zu einem angemessenen Preis der Nachfrage an. Ein Kunde ist jemand, der sich selbstverantwortlich, frei und selbstbestimmt für eine Ware oder Dienstleistung entscheiden kann. Diese vorhandenen Freiheiten werden dann noch durch ein funktionierendes Qualitätsmanagement unterstützt. Doch die Wahrheit ist, dass nur Kunde ist, wer auch zahlt. Im Bereich Sozialer Arbeit aber kaufen Klienten, Teilnehmer, Nutzer in der Regel nicht selbstbestimmt die Dienstleistung ihres Vertrauens. Dementsprechend können sie auch nicht mit den Füßen abstimmen und durch Wahl der Ware den Markt beeinflussen. Dies tut stellvertretend der Staat. Der Staat steuert. Der Staat äußert Kundenwünsche. Der Staat wünscht ein Qualitätssystem. Also installiert der Dienstleister ein Qualitätssystem (vgl. Seithe 2012, S. 224ff).

So äußerte kürzlich Ursula von der Leyen: „Wir werden (…) stärker auf die Qualität derjenigen achten, die Arbeitslose weiterbilden, umschulen oder trainieren. Viele Träger leisten wirklich gute Arbeit. Aber es hat auch manche schwarzen Schafe gegeben, die wenig Leistung gebracht und richtig Geld gekostet haben. Wir kennen alle die Extremfälle, bei denen Menschen in unsinnige Trainingsmaßnahmen gesteckt wurden. Das kostet den Arbeitssuchenden wertvolle Zeit und die Steuer- und Beitragszahler Geld. Deswegen müssen künftig alle Anbieter einen strengen Qualitätscheck durchlaufen." (Bundesministerium für Arbeit und Soziales 2011a)

Auch im Koalitionsvertrag vom 26. Oktober 2009 haben sich CDU / CSU und FDP „für eine effektive und effiziente Arbeitsmarktpolitik" (Bundesministerium für Arbeit und Soziales 2011b) ausgesprochen.

Am 25. Mai 2011 beschloss das Bundeskabinett ein „Gesetz zur Verbesserung der Eingliederungschancen am Arbeitsmarkt" (Bundesministerium für Arbeit und Soziales 2011c)

Am 20. 12. 2011 wurde das Gesetz veröffentlicht. Qualitätsmanagement war dabei eines der Hauptthemen der Reform. Bis spätestens 01. 01. 2013 muss nun jeder Träger von

Maßnahmen der Arbeitsförderung seine Zulassung beantragt haben. Doch was bringt dieser von der Bundesarbeitsministerin Ursula von der Leyen geforderte „strenge Qualitätscheck" den Beteiligten, also den Steuerzahlern, den NutzerInnen Sozialer Arbeit, den Trägern, den Reformern und natürlich auch den Zertifizierungsunternehmen? Worin bestehen *Sinn und Unsinn* der Qualitätssicherung des Produkts Soziale Arbeit?

Angeregt durch die aktuellen Entwicklungen will das vorliegende Buch den Nutzen (Sinn) und die Grenzen (Unsinn) der Qualitätssicherung am Beispiel der DIN EN ISO 9001:2008 in der Sozialen Arbeit anhand der Jugendberufshilfe und speziell der Berufsvorbereitenden Bildungsmaßnahme aufzeigen.

Dazu wird als Erstes beschrieben, welchen Sinn Soziale Arbeit hat bzw. wie sich Soziale Arbeit aus sozialpädagogischer Sicht begründen und hinterfragen lässt. Dies ist nötig, da der Nutzen der DIN EN ISO 9001:2008 für die Jugendberufshilfe einhergehen sollte mit einer Begründbarkeit Sozialer Arbeit, weil es sonst keine Soziale Arbeit mehr wäre. Im zweiten Teil werden die DIN EN ISO 9001:2008 sowie die Jugendberufshilfe, speziell die Berufsvorbereitende Bildungsmaßnahme, zum näheren Verständnis erläutert. Im dritten Teil werden dann die aktuellen Erkenntnisse von Qualitätsforderungen in der Sozialen Arbeit im Kontext der vorangegangen Teile dieses Buches aus verschiedenen Perspektiven, wie der politischen sowie der Tätigkeit in der Sozialarbeit, hinterfragt.

In diesem Buch wird der Kunde immer als Bundesagentur für Arbeit und/oder Käufer der Dienstleistung gesehen. Der Nutzer ist im weiteren Verlauf gleichbedeutend mit dem Adressaten Sozialer Arbeit. Bildungsträger, Träger sowie Dienstleister sollen die die Soziale Arbeit produzierenden Unternehmen sein.

1 Sozialpädagogische Produktion

"The social work profession promotes social change, problem solving in human relation-ships and the empowerment and liberation of people to enhance well-being. Utilising theories of human behavior and social systems, social work intervenes at the points where people interact with their environments. Principles of human rights and social jus-tice are fundamental to social work." (International Federation of Social Workers 2000)

Für den Hauptteil dieses Buches ist die Frage nach dem Sinn Sozialer Arbeit elementar. Dieser Sinn wird ständig hinterfragt. Denn wie noch zu lesen sein wird, geht es bei der Frage nach dem Nutzen und den Grenzen der DIN EN ISO 9001 in der Sozialen Arbeit immer auch um die Frage nach dem Zweck Sozialer Arbeit und ob dieser Zweck an den Bedingungen der DIN EN ISO 9001 scheitert. Dementsprechend geht es auch um die Frage nach dem Ursprung dieses Zweckes.

Der Zweck Sozialer Arbeit und dessen Ursprung bzw. das Selbstverständnis Sozialer Arbeit kommen nicht von ungefähr. Es ist viel eher so, dass die Theoriebildung, das Werteverständnis, die Ziele und auch das Handlungswissen Sozialer Arbeit durch „kon-zeptuelle Vorentscheidungen wie ‚personenbezogene Dienstleistung' oder ‚Menschen-rechtsprofessionen'" (Staub-Bernasconi 2007, S. 20) enorm mitbestimmt werden (vgl. Staub-Bernasconi 2007, S. 20).

Soziale Arbeit als Menschenrechtsprofession findet ihre Begründung vorrangig in den Menschenrechten und den damit verknüpften philosophischen Werten. Weiterhin ist die philosophische bzw. ethische Thematik von Bedeutung, da es hier auch um moralisch richtiges Handeln bzw. praktische Konsequenzen für die Soziale Arbeit geht. Ebenso wird die Nachhaltigkeit Sozialer Arbeit beleuchtet, um den Aspekt der Dauerhaftigkeit der sozialen Ziele zu fokussieren.

1.1 Soziale Arbeit als Menschenrechtsprofession

Die Idee, ein Mensch habe Rechte, und dies auch noch von Natur aus, welche er sich also nicht erst erarbeiten oder erkämpfen muss, ist aufgrund geschichtlicher Erfahrungen ent-standen. Diese Erfahrungen waren zumeist von unvorstellbarem menschlichem Leid, wie beispielsweise Sklaverei, Inquisition, Ausbeutung, Krieg, geprägt. Dieses Leid war meist durch bestimmte Herrschaftsverhältnisse und deren Rechte und Gesetze legitimiert. Ins-besondere die Erfahrungen aus der Zeit der Nazidiktatur haben Menschen dahin gehend beeinflusst, eine Menschenrechtsidee zu realisieren. Speziell hervorzuheben sind daher auch die UNO-Charta und -Deklaration von 1945 und 1948. Nach dieser Manifestation der Idee der unveräußerlichen Menschenrechte sind noch viele weitere soziale Bewegungen und Aktivitäten entstanden. Sie alle hatten das Ziel, die Menschenrechtsidee weiter praktisch umzusetzen, nicht als stückweise verbessertes Rechtssystem, sondern vielmehr als Weiterbildung im Alltag und in der Kultur der Menschen (vgl. Staub-Bernasconi 2007, S. 25).

Nachfolgend werden einige Stationen der Menschenrechtsidee im Rahmen Sozialer Arbeit chronologisch aufgezeigt.

1856: Beginn der International Conference on Charity and Welfare. Solche und andere internationale Organisationen können als Resultat internationaler Sozialer Arbeit gesehen werden, da diese sich bereits zum Ende des 19. Jahrhunderts immer mehr auf die Menschenrechte als regulative Idee beriefen (vgl. Staub-Bernasconi 2007, S. 26).

1915: Woman's Peace Conference in Den Haag. Auch hier sind Menschenrechte das zugrunde liegende Thema (vgl. Staub-Bernasconi 2007, S. 26). „Krieg verletzt ausnahmslos jedes Menschenrecht, und zwar auch dann, wenn man sich an das Kriegsrecht halten sollte." (Staub-Bernasconi 2007, S. 20) Hier wird, ein Jahr nach Beginn des 1. Weltkriegs, beschlossen, die Kriegsminister der Krieg führenden und neutralen europäischen Staaten aufzusuchen mit dem Ziel, dass diese den Krieg aufgrund von Verhandlungen und nicht durch Sieg oder Niederlage beenden. Woodrow Wilson nahm einen Teil der in dieser Konferenz zustande gekommenen Forderungen in sein 14-Punkte-Programm zur Gründung des Völkerbundes auf. Des Weiteren wurde auch die Verweigerung des Frauenstimmrechts als Verletzung der Menschenrechte angeprangert (vgl. Staub-Bernasconi 2007, S. 26).

1919: Women's International League for Peace and Freedom. Die Organisation mit Sitz in Genf hat Zugang zu allen UNO-Gremien, sie ist eine der ältesten bei der UNO akkreditierten Nichtregierungsorganisationen. Die WILPF legt in ihrem Friedenskonzept den Schwerpunkt auf die sozioökonomischen Bedingungen des Friedens (vgl. Staub-Bernasconi 2007, S. 26).

1923: Save the Children Fund. Die Gründerin Eglantine Jebb entwirft darüber hinaus eine Charta der Kinderrechte (vgl. Staub-Bernasconi 2007, S. 26).

1924: Genfer Erklärung der Rechte des Kindes. Die Charta der Kinderrechte von Eglantine Jebb wurde damit durch die Vollversammlung des Völkerbundes übernommen (vgl. Staub-Bernasconi 2007, S. 26).

1943: United Nations Relief and Rehabilitation Administration. Die Nothilfe und Wiederaufbauverwaltung der Vereinten Nationen wird gegründet.

1968: International Council on Social Welfare. Social Welfare and Human Rights ist auf der 14. internationalen Konferenz das Thema. Hier wird auch die Bejahung der Menschenrechte als grundlegende sogenannte Wertprämisse für das Sozialwesen im Allgemeinen betont (vgl. Staub-Bernasconi 2007, S. 26).

1988 Gründung einer Menschenrechtskommission durch den Berufsverband International Federation of Social Workers. Diese hat zum Ziel, die Menschenrechtsidee in der Praxis der Sozialarbeit umzusetzen und sich gleichzeitig gegenüber Gerichten und Regierungen für Menschenrechtsaktivisten stark zu machen (vgl. Staub-Bernasconi 2007, S. 26).

1994: Human Rights and Social Work: A Manual for Schools of Social Work and the Social Work Profession. Dieses Dokument wird von dem Berufsverband IFSW und der International Association of Schools of Social Work in Verbindung mit der UNO veröffentlicht (vgl. Staub-Bernasconi 2007, S. 26).

Hierin heißt es:

„Die Menschenrechte sind untrennbarer Bestandteil der Theorie, Wert- und Moralvorstellungen sowie der Praxis der Sozialen Arbeit. Rechtsansprüche, die mit den menschlichen Grundbedürfnissen korrespondieren, müssen geltend gemacht und gestärkt werden; sie bilden die Rechtfertigung und den Beweggrund für das Handeln im Bereich der Sozialen Arbeit ..., selbst wenn in Ländern mit autoritären Regimen für die in der Sozialen Arbeit Tätigen dieses Engagement ernste Konsequenzen haben kann." (Staub-Bernasconi 2007, S. 26)

1995: Auf der Internationalen Konferenz in Lissabon, von IFSW und IASSW, sind die Menschenrechte Hauptthema.

1996: Policy Statement on Human Rights, formuliert durch IFSW.

2000: IFSW und IASSW einigen sich zum einen „auf eine gemeinsame internationale Menschenrechtskommission, die u. a. weltweit Menschenrechtsbildung initiieren soll, zum anderen auf die Definition Sozialer Arbeit, die bereits am Anfang des Kapitels steht, hier aber zum besseren Verständnis auf deutsch folgt (vgl. Staub-Bernasconi 2007, S. 26).

„Soziale Arbeit ist eine Profession, die sozialen Wandel, Problemlösungen in menschlichen Beziehungen sowie die Ermächtigung und Befreiung von Menschen fördert, um ihr Wohlbefinden zu verbessern, indem sie sich auf Theorien menschlichen Verhaltens sowie sozialer Systeme als Erklärungsbasis stützt, interveniert Soziale Arbeit im Schnittpunkt zwischen Individuum und Umwelt / Gesellschaft. Dabei sind die Prinzipien der Menschenrechte und sozialer Gerechtigkeit für die Soziale Arbeit von fundamentaler Bedeutung." (Staub-Bernasconi 2007, S. 26f)

2001: Verabschiedung von Empfehlungen durch den Europarat an alle Vertragsstaaten. In diesen steht unter anderem, dass die Ausbildung in Sozialer Arbeit dahin gehend organisiert werden soll, dass der Zugang zu sozialen Rechten und Dienstleistungen für alle Menschen im jeweiligen Staat ermöglicht werden soll. Weiterhin soll gewährleistet sein, dass die Menschenrechte ihre Umsetzung in der Praxis Sozialer Arbeit finden (vgl. Staub-Bernasconi 2007, S. 27).

2004 Global Standards for Social Work Education and Training. Hier werden die Menschenrechte und die internationale Definition Sozialer Arbeit als unverzichtbare Grundlagen anerkannt (vgl. Staub-Bernasconi 2007, S. 27).

Diese chronologische dargestellte Abfolge von Ereignissen in Verbindung mit den Menschenrechten und deren Bezug zur Sozialen Arbeit soll aufzeigen, dass Soziale Arbeit ihre Begründung nicht nur in nationalen Normen findet, sondern vielmehr in transnationalen Rahmenbedingungen der UNO-Charta. Besonders hervorzuheben ist der Artikel 28 der UNO-Menschenrechtserklärung:

„Jeder Mensch hat Anspruch auf eine soziale und internationale Ordnung, in welcher die in der vorliegenden Erklärung aufgeführten Rechte voll verwirklicht sind." (Artikel 28 Resolution 217 A (III))

Soziale Arbeit ist unverkennbar eng verwoben mit der Menschenrechtidee. Soziale Arbeit kann als Menschenrechtsarbeit verstanden werden, wenn sie z. B. die Menschenrechtskultur im Alltag beeinflusst und durch ihre Methoden und Theorien gesellschaftliche Integration, soziale Gerechtigkeit sowie den sozialen Wandel und vieles mehr mitbestimmt. Voraussetzung dafür ist aber, dass Soziale Arbeit nicht nur als reine Dienstleistung verstanden wird, sondern vielmehr als Werkzeug. Als Werkzeug für die eben genannte Dienstleistung, aber eben auch zur Reflexion herrschender Lehrmeinungen sowie nationaler und regionaler Werte und Normen. Das heißt, indem SozialarbeiterInnen die Menschenrechtsidee als Maßstab und Orientierung für ihre Arbeit nehmen (vgl. Staub-Bernasconi 2007, S. 27).

1.2 Soziale Arbeit als moralisch richtiges Handeln

Um den Sinn Sozialer Arbeit aufzeigen zu können, sollen an dieser Stelle moralisch richtiges, moralisch gutes Handeln bzw. die Ethik als Lehre moralisch guten Handelns als zweite Säule betrachtet werden.

Worum es hier nicht gehen soll, ist die antike Philosophie. Vor dem Hintergrund der Bearbeitung sozialer Probleme steht die moderne, dynamische Gesellschaft im Vordergrund, in der die Individuen handeln und damit ihre Gesellschaft beeinflussen (vgl. Dollinger 2011, S. 988).

Da sich Ethik (sittliches Verständnis) als eher praktische Philosophie mit dem menschlichen Handeln befasst, befasst sie sich auch mit dem Handeln von Sozialarbeiter- und SozialpädagogInnen. Wie bereits unter dem vorherigen Punkt dargestellt, sollten SozialarbeiterInnen im Sinne ihrer Menschenrechtsprofession ihr Handeln hinterfragen und auf den Prüfstand stellen. Hier tritt dementsprechend die Ethik auf den Plan. (vgl. Dollinger 2011, S. 987).

Ethik ist jedoch nicht gleich Ethik. Sie kann nicht unbedingt als eine Art inhaltliche Anweisung im Sinne einer Anleitung für sozialpädagogisches Handeln genommen werden. Neben ihrem Status einer normativen Beurteilung ist viel interessanter, insbesondere in Verbindung mit der Menschenrechtsidee, sie als einen beschreibenden oder analysierenden und reflektierenden Ansatz zu sehen. So sollte sich ein/e SozialarbeiterIn mit ethischen Fragestellungen unbedingt auseinandersetzen (vgl- Dollinger 2011, S. 987).

Ein/e bewusst handelnde/r SozialpädagogIn sollte mit ihrem/seinem ethischen Wissen zum einen ihr/sein professionelles Handeln reflektieren und gegebenenfalls neu justieren und zum anderen ihr/sein sozialpädagogisches Denken mit ethischen Vorgaben aufarbeiten. So kann Ethik auch als Reflexionsinstanz zur Herausbildung von Thesen verstanden werden, die über die Anwendung moralischer Codes reflektiert (vgl- Dollinger 2011, S. 992f).

„Eine Ethik ethischer Reflexion hat folglich zu analysieren, welche insbesondere normativen Vorentscheidungen in der Artikulation sozialpädagogischen Wissens zum Tragen kommen, welche Konsequenzen dies (für Adressatinnen, Autoren, Drittmittelgeber usw.) mit sich bringt und welche Möglichkeiten der Wirklichkeitskonstitution damit ausgeschlossen werden." (Dollinger 2011, S. 993)

Clemens Sedmak schreibt dazu in seinem Buch Sozialverträglichkeitsprüfung in einem Kapitel von so genannten ethischen Prüfverfahren. Die Sozialverträglichkeitsprüfung ist demnach eine Überprüfung politischer Maßnahmen. Diese sollen mit Hinblick auf ihre Auswirkungen auf das Individuum und die Gesellschaft reflektiert werden. Um die Sozialverträglichkeit festzumachen, werden eben auch ethische Prüfverfahren benötigt. Hier wird ein „Arsenal an Evaluierungsinstrumenten" (Sedmak 2008, S. 38)). genannt. Im Kontext der vorliegenden Arbeit ist am ehesten die Ebene des einzelnen Menschen, auf der ethische Prüfverfahren zur Anwendung kommen, relevant (weiterführend Sedmak 2008, S. 37ff).

Nehmen wir als Ebene des einzelnen Menschen beispielhaft die/den SozialpädagogIn, so ist ihr/sein Prüfverfahren unter dem Stichwort Reflexion bzw. Gewissenserforschung einzuordnen. Hierbei geht es natürlich darum, dass sich die/der SozialpädagogIn selbst zum Gegenstand der Reflexion macht und dementsprechend nachdenkt über die Lauterkeit / moralische Richtigkeit ihres/seines Handelns. Wenn das eigene Leben und somit auch das eigene Handeln aber nun auf ihre Rechtfertigung hin überprüft werden, braucht es leitende Prinzipien. Diese Prinzipien sollten, im Bezug auf die leitende Fragestellung dieses Kapitels zum einen, die Menschenrechte und deren Verknüpfung mit der Sozialen Arbeit also der Menschenrechtsprofession entstammen (vgl. Sedmak 2008, S. 38–48).

Durch die Evaluation des eigenen Handelns in Bezug auf die leitenden Prinzipien – die Menschenrechte – entstehen hier auch sozialethisch relevante Fragen, wie z. B.: Was bedeutet es, als SozialpädagogIn im ethischen Sinne gut zu arbeiten, also eine Arbeit zu leisten, die gerechtfertigt und empfohlen werden kann? Diese Fragestellung zieht unter Umständen Kausalitätsfragen nach sich: Wie umweltverträglich und/oder sozialverträglich ist mein berufliches Handeln als SozialpädagogIn? (vgl. Sedmak 2008, S. 39).

Eine solche individualethische Prüfung der Sozialverträglichkeit verlangt von dem Reflektierenden neben ständiger Weiterbildung des eigenen Wissenshorizonts viel. Was nicht passieren darf, ist, dass die/der SozialarbeiterIn in eine ständige Selbstreflexion verfällt und dabei nicht mehr zum Arbeiten kommt. Hier bieten sich nach Clemens Sedmak zwei Grundpfeiler an. Zum einen das Prinzip der Nachhaltigkeit zum anderen das Prinzip des Gemeinwohls (weiterführend Sedmak 2008, S. 40f). Das Gemeinwohl soll für diese Arbeit die Menschenrechtsidee sein, Nachhaltigkeit wird im weiteren Verlauf mit seiner Relevanz aufgezeigt.

Neben der ersten, eben dargestellten, Ebene schreibt Clemens Sedmak noch von zwei weiteren. Der Ebene von Institutionen und der gesellschaftlichen. Auf der Ebene der Institutionen bilden moralische Erwartungen an Institutionen die Normative Grundlage. Auf der gesellschaftlichen Ebene gibt es eine große Liste von ethischen Prüfverfahren zur sozialethischen Analyse. Hier geht es vor allem um die Evaluation von Demokratie im Verhältnis zu Armutsstatistiken, Gleichberechtigung, Meinungsfreiheit und viel mehr (weiterführend Sedmak 2008, S. 39–48).

Sedmak Clemens fasst zusammen und stellt die Fragen: „In welcher Gesellschaft wollen wir leben?" (Sedmak 2008, S. 58 u. 57) und „Sozialverträglichkeitsprüfung[,] (…) „verträglich mit welcher sozialen Ordnung?" (Sedmak 2008, S. 58 u. 57)

Gerade die Frage nach der sozialen Ordnung, an der sich ja letztendlich der Reflektierende orientieren soll, muss (für dieses Buch) mit der *Menschenrechtsidee* beantwortet werden.

Diese eher praktische Darstellung der ethischen Reflexion soll zugleich auch den Sinn Sozialer Arbeit und deren Zweck aufzeigen. Denn die Begründung für Soziale Arbeit kann aus verschiedenen Perspektiven stattfinden. Einer ökonomischen, also was ist am wirtschaftlichsten? Einer politischen, also wie kann die Wiederwahl einer politischen Partei am ehesten gesichert werden? Oder eben aus der einer Menschenrechtsprofession, in der auch die/der einzelne SozialarbeiterIn ihr/sein berufliches Handeln im Sinne der Sozialen Arbeit reflektiert.

Exkurs Christliches Menschenbild:

„[Angela] Merkel: Christliches Menschenbild bleibt Leitbild" (Frankfurter Allgemeine Zeitung GmbH 2006)

Das Christliche Menschenbild muss an dieser Stelle ebenfalls umrissen werden, aber nur kurz. Auch wenn die Rede von Europa als christliches Abendland eventuell eher kritisch analysiert werden muss und dieses letztendlich doch als „Meistererzählung" (von Stuckrad 2006, S. 236) gilt, weil für das Schlagwort christliches Abendland jede historische Grundlage fehlt (weiterführend von Stuckrad 2006, S. 235–247). So ist doch festzuhalten, dass selbst die Meistererzählung des christlichen Abendlandes von dem großen Einfluss religiöser Deutungssysteme auf die Identität Europas hinweist (vgl. von Stuckrad 2006, S. 235–247)

Aufgrund der in Deutschland vorherrschenden Masse an kirchlichen Trägern und deren Leitbildern, welche sich auf das christliche Menschenbild beziehen und die sich selbst in den Traditionen des christlichen Abendlandes verankert sehen, kann dieses Bild, ebenso wie die UNO-Menschenrechte, als Prinzip in die ethische Reflexion der/des SozialarbeiterIn einfließen. An dieser Stelle muss davon ausgegangen werden, dass dies insbesondere für jene SozialarbeiterInnen bedeutsam sein kann, die einer christlichen Konfession angehören bzw. ihre Tätigkeit nur in Verbindung mit einer bestimmten Konfession durchführen dürfen z. B. weil sie im so genannten verkündigungsnahen Bereich arbeiten (weiterführend §9 AGG).

Obwohl man nicht zwangsläufig bei der Auslegung biblischer Erzählungen auf moderne Menschenrechte inklusive Glaubensfreiheit stößt, so findet sich doch ein Bild, in dem die Menschen frei und gleich sein sollen, sowie einen unbedingten Anspruch auf Würde und Respekt haben (vgl. Stein 2010, S. 32).

1.3 Nachhaltigkeit Sozialer Arbeit

Die dritte Säule, auf die sich das Selbstverständnis Sozialer Arbeit, im Kontext dieses Buches, beruft, heißt Nachhaltigkeit. Nachhaltigkeit im Kontext gesellschaftlicher Entwicklung wurde erstmals 1987 in dem Report „Unsere gemeinsame Zukunft", von der so genannten Brundtland-Kommission definiert

1983 gründeten die Vereinten Nationen die unabhängige Weltkommission für Umwelt und Entwicklung mit Sekretariat in Genf. Ihr Auftrag war die Erstellung eines Perspektivberichts zu langfristig tragfähiger, umweltschonender Entwicklung im Weltmaßstab. Zur Vorsitzenden wurde die damalige Ministerpräsidentin von Norwegen, Gro Harlem Brundtland, gewählt. (weiterführend Aachener Stiftung Kathy Beys 2012).

Demzufolge sollen die Bedürfnisbefriedigung und die freie Wahl des Lebensstils zukünftiger Generationen durch eine dauerhafte nachhaltige Entwicklung gesichert werden. Wirtschaftliche und soziale Ziele müssen also mit Blick auf ihre Dauerhaftigkeit definiert und entwickelt werden. Der Schwerpunkt wurde seinerzeit auf die Sicherheit, das Wohlergehen und Überleben des Planeten selbst gelegt (vgl. Aachener Stiftung Kathy Beys 2012).

Es zeigt sich, dass diese erste Forderung nach einer Ära der umweltgerechten wirtschaftlichen Entwicklung zum Schutz des Planeten weite Kreise zog. Wenn 1987 noch gefordert wurde, Ökonomie und Ökologie zusammenzubringen, so gab es bald darauf ein magisches Dreieck, das Ökologie, Ökonomie und Sozialwesen umfasste. Mittlerweile gibt es auch die Überlegung eines magischen Vierecks, bei dem nun auch Kultur mit ins Boot geholt wird (vgl. Aachener Stiftung Kathy Beys 2011).

1992 beschlossen in Rio de Janeiro 172 Staaten – darunter auch Deutschland – auf der Konferenz der Vereinten Nationen für Umwelt und Entwicklung ein entwicklungs- und umweltpolitisches Aktionsprogramm für das 21. Jahrhundert, die Agenda 21. Ziel war unter anderem, die Forderungen von 1987 durch lokale Agenda 21-Maßnahmen global wirksam umzusetzen.

Die Agenda 21 umfasst 359 Seiten, 40 Kapitel und 4 Teile:

1. Soziale und wirtschaftliche Dimensionen
2. Erhaltung der Bewirtschaftung der Ressourcen für die Entwicklung
3. Stärkung der Rolle wichtiger Gruppen
4. Möglichkeiten der Umsetzung

Hieraus wird ersichtlich, dass Nachhaltigkeit nicht nur facettenreich ist, sondern auch mehr als einen Bereich tangiert bzw. tangieren muss. Exemplarisch wird hier der Punkt 25 aus Teil 3, „Kinder und Jugendliche und nachhaltige Entwicklung", kurz angerissen.

Unter Punkt 25 geht es um die Stärkung der Rolle der Jugend. So soll sie in den Umweltschutz und in die Förderung der wirtschaftlichen und sozialen Entwicklung aktiv einbezogen werden. Dementsprechend soll Jugendlichen zum Beispiel Zugang zu Bildung und Beschäftigung geboten werden. Zu den Zielen gehörte unter anderen, dass bis zum Jahr 2000 mehr als 50 Prozent der Jugendlichen an Bildungs- oder berufsbildenden Programmen teilnehmen oder Zugang dazu haben. Weiterhin sollte jedes Land Schritte zur Senkung seiner Jugendarbeitslosigkeit unternehmen. Entsprechend dieser Ziele wurden konkrete Maßnahmen vorgeschlagen, um an die wirtschaftlichen und sozialen Bedürfnisse der Jugendlichen angepasste Bildungsangebote – inklusive Berufsausbildung – sicherzustellen (vgl. Hirano 2003, S. 281f).

Nach diesem kurzen Abriss wird schnell ersichtlich, dass nachhaltiges Arbeiten in der Sozialen Arbeit – im Folgenden soziale Nachhaltigkeit genannt – nicht einseitig gesehen werden kann.

Soziale Nachhaltigkeit kann also nicht nur aus Sicht der Menschrechtsidee (erste Säule) gesehen werden. In das ethische Prüfverfahren (zweite Säule) muss neben dem Prinzip eines Menschenbildes auch noch mehr einfließen: Nachhaltigkeit.

Dementsprechend kann soziale Nachhaltigkeit als ganzheitlich gesehen werden (vgl. Majer 2004, S. 1). Sie umfasst laut Definition des Instituts für sozial-ökologische Forschung fünf Schlüsselelemente:

1. Eine menschenwürdige Existenz, die nicht nur das Überleben, sondern auch das dauerhaft produktive Leben ermöglicht.
2. Lern- und Entwicklungsfähigkeit sozialer Systeme und Strukturen. Damit soll die Anpassungsfähigkeit an äußere und innere Veränderungen erhalten werden.
3. Die Erhaltung und Weiterentwicklung von Sozialressourcen, insbesondere Solidarität, Toleranz, Selbstorganisations-, Integrations- und Kooperationsfähigkeiten.
4. Die Chancengleichheit bei Ressourcengewinnung, insbesondere soziale-, aber auch Zeit- und Bildungsressourcen.
5. Die Partizipation an gesellschaftlichen Entscheidungsprozessen, insbesondere die Erhaltung, Erweiterung und Verbesserung von demokratischen Formen der Teilhabe an der Gesellschaft (vgl. Majer 2004, S. 2f)

In Verbindung mit dem Beispiel aus der Agenda 21 unter Punkt 25 soll hier bezahlte Arbeit als ein beispielhaftes zentrales Bindeglied genannt werden. Auf diesem Wege kann das Individuum z. B. an der gesellschaftlichen Ebene teilhaben, seine Existenz sichern, sich weiterentwickeln und seine Sozialressourcen managen, wenn sie zu den wirtschaftlichen und sozialen Bedürfnissen der Individuen passen (vgl. Majer 2004, S. 3–5).

Das heißt, dass der ersten Schwelle des Arbeitsmarktes und somit der Erstausbildung von Jugendlichen eine große Bedeutung zukommt, da hier der weitere Weg in die Arbeitswelt der Gesellschaft geebnet wird. Ein gesellschaftliches Instrument zur Förderung beruflicher Biografien von Benachteiligten stellt also die Jugendberufshilfe dar.

Zunächst zurück zur leitenden Frage dieses Kapitels: Welchen Sinn soll Soziale Arbeit haben? Wie bereits dargestellt, geht es bei dem Sinn um das Selbstverständnis Sozialer Arbeit, aus dem sich die Gründe für die Arbeit an sich ableiten lassen. Die drei vorgestellten Säulen für das Selbstverständnis wurden mit dem Ziel gewählt, anhand dieser – im weiteren Verlauf – zum einen den Nutzen und die Grenzen der DIN EN ISO 9001 in der Jugendberufshilfe darstellen zu können und zum anderen, weil sie der Definition Sozialer Arbeit durch den Internationalen Berufsverband gerecht werden. Zusammenfassend heißt das: Menschenrechtsidee, ethische Reflexion sowie soziale Nachhaltigkeit sind folgend immer zu Grunde zu legen. Insbesondere unter Punkt 4 werden die drei Säulen als Reflexionsbasis wieder einfließen.

2 Das Qualitätsmanagement und die Jugendberufshilfe

In diesem Kapitel werden das Qualitätsmanagement anhand der DIN EN ISO 9001:2000f und die Jugendberufshilfe am Beispiel der Berufsvorbereitenden Bildungsmaßnahme vorgestellt. Ziel dieses Kapitels ist es, die Grundlagen der beiden Elemente darzustellen, die seit dem 01.04.2012 zusammengehören und deren Umsetzung bis zum Jahr 2013 laut Gesetzgeber vollzogen sein muss. Hierzu gehört ebenfalls das Vergabeverfahren der Bildungsmaßnahmen durch die Behörden.

Das Deutsches Institut für Normung e. V. ist ein Akteur dieses Prozesses. Das Institut wurde 1917 als Normausschuss der deutschen Industrie (NADI) gegründet. 1951 wird der Verein noch unter dem Namen Deutscher Normausschuss (DNA) Mitglied der International Organisation for Standardisation (ISO). 1975 unterzeichnen die BRD und das Institut einen Vertrag, der die wechselseitigen Beziehungen regeln soll, im Zuge dessen wird es auch umbenannt in Deutsches Institut für Normung (DIN). Heute sitzt das DIN am DIN Platz in Berlin und ist ein enger Kooperationspartner der Politik sowie von Industrie, Forschung sowie Lehre und Wirtschaft (vgl. Deutsches Institut für Normung 2012a).

Da im weiteren Verlauf bestimmte Begriffe immer wieder genannt werden und diese für das Grundverständnis des vorliegenden Buches nötig sind, werden an dieser Stelle die wichtigsten kurz erläutert. Der wichtigste Begriff in diesem Zusammenhang ist der Begriff der Qualität. Es gibt gute als auch schlechte Qualität. Dementsprechend ist Qualität ein objektiver Maßstab dafür, wie gut oder wie schlecht eine betrachtete Einheit ist, bzw. inwiefern sie die Forderungen, die an sie gestellt werden, erfüllt. *Fähigkeit* gilt als Maßstab dafür, inwieweit eine Einheit überhaupt in der Lage ist, die Forderungen an sie zu erfüllen und steht deshalb mit Qualität im Zusammenhang. Der Qualitätsbegriff an sich ist bereits mehrere tausend Jahre alt und hat seine Wurzeln in Philosophie und Produktrealisierung. Heutzutage ist der Qualitätsbegriff jedoch verzerrt, da den Menschen durch Werbung und moderne Medien quasi allerorts und jederzeit Produkte mit vermeintlich hoher Qualität feilgeboten werden. Dabei ist irrelevant, um welches Produkt es sich handelt. Ob es ein hochsensibles technisches Objekt ist oder nur die Süßigkeit für die Kleinen – der Kunde wünscht Qualität, und der Kunde bekommt Qualität! Zumindest verspricht dies die Produktwerbung in aggressivem Maße. Aber was ist wirkliche Qualität? Ist Qualität vielleicht so etwas wie Güte, Zweckeignung, eine Forderung oder der

Versuch, Gutes besser zu machen? Oder einfach nur die Bedeutung von Beschaffenheit, ein Zustand nach dem lateinischen qualitas? Qualität betrifft immer das Betrachtete selbst, sie soll also immer eine Aussage über die Beschaffenheit von etwas sein. Demnach ist sie die aktuell realisierte Beschaffenheit im Bezug bzw. im Vergleich auf eine geforderte Beschaffenheit. Deshalb kann sie auch gut oder schlecht oder mittelmäßig sein. Aus diesem Grund kann es nach dieser Definition so etwas wie geforderte Qualität nicht geben, sondern immer nur Forderungen und Übereinstimmungen sowie Abweichungen von diesen. Qualität als Ziel des Qualitätsmanagements hat also zum Ziel, die Forderungen an die Beschaffenheit zu erfüllen und dem Kunden eine zufriedenstellende Leistung zu liefern. Es gilt, den Kunden zufriedenzustellen, indem bestimmte Leistungen mit seinen Forderungen bzw. Wünschen übereinstimmen. Somit kann von einem Qualitätsbegriff, bei dem die Gesamtheit der Merkmale und Merkmalswerte einer Einheit eingeschlossen sind, abgewichen werden. Hier werden nun einzelne Merkmale betrachtet und andere außer Acht gelassen, nämlich jene, die in den Kundenforderungen nicht auftauchen (vgl. Geiger und Kotte 2008, S. 67–77).

Die DIN EN ISO 9000:2000 definiert Qualität als Grad, in dem ein Satz innewohnender Merkmale Forderungen erfüllt (vgl. Geiger und Kotte 2008, S. 67–77).

Diese Forderungen finden sich, neben den Kundenanforderungen, in Normen wieder. Das Wort Norm, aus dem Lateinischen stammend und unter anderem mit der Bedeutung Vorschrift behaftet, soll keine Aussage über die Wirklichkeit treffen, sondern wie die Wirklichkeit sein soll. Normen stellen also nichts fest, sondern fordern zu etwas auf, wie z. B. die DIN EN ISO 9001:2008. Normen beginnen ihren Entstehungsweg, indem ein Vorschlag durch z. B. das Deutsche Institut für Normung eingebracht wird. Dieser Vorschlag findet sich dann in verschiedenen Entwürfen wieder, bis er dann letztendlich als deutsche, europäische oder internationale Norm zugelassen wird (vgl. Deutsches Institut für Normung 2012b).

2.1 Geschichte und Grundlagen der DIN EN ISO 9001

Die Normenreihe der 9000er Reihe hat ihren Ursprung in den Vereinigten Staaten von Amerika der 1950er Jahre. Zu dieser Zeit wurden für die USA Qualitätsstandards in der Rüstungs- und Atomindustrie immer wichtiger, so dass Regelwerke für die Qualitätssicherung entwickelt wurden. Dies zog Kreise, bald wurden ähnliche Regelwerke in Lieferverträgen verbindlich eingefordert. Diese Anforderungen des Kunden an die Lieferanten von Produkten weiteten sich immer weiter aus, bis 1987 erstmals die Normenreihe DIN EN ISO 9000ff ausgegeben wurde (vgl. Ernst 2008, S. 35).

Die Einführung der Qualitätsüberwachung geht also zweifelsohne mit der Forderung nach reproduzierbarer Qualität einher (vgl. Paller 2009, S. 97) Qualitätsregelungen an sich gehen jedoch noch viel weiter in die Geschichte zurück. Insbesondere Frederik W. Taylor, der schon 1898 Normen und Standards für seinen Betrieb forderte, gilt als Pionier des Qualitätsmanagements (QM). Henry Ford, der Begründer des Fordismus – einer Form der industriellen Warenproduktion – griff nach dem ersten Weltkrieg auf das Wissen Taylors zurück und revolutionierte die Industrie. Es war ihm dadurch möglich, die Absatzzahlen seiner Automobile enorm zu steigern und gleichzeitig die Preise um ein Drittel zu reduzieren. Nachdem aufgrund wachsenden Wettbewerbs Kundenwünsche und -erfordernisse im Laufe der Jahre immer stärker in den Vordergrund rückten, gab es einen neuen Schub in Richtung Qualitätsmanagement nach heutigem Verständnis. Toyota, der japanische Automobilhersteller, führte ein Produktionssystem ein, welches Vorbild für das sogenannte Lean Management wurde. Ein Management, das sich durch Vermeidung und Reduzierung von Verschwendung auszeichnet. 1979 führte Motorola das System Six Sigma ein. Damit sollten Nacharbeiten an schlechten Produkten und somit Kosten reduziert werden. Mitte der 1980er Jahre führten immer höhere Erwartungen der Kunden und der Wettbewerbsdruck auf Unternehmen zu einem neuen Phänomen und dem Begriff des Total Quality Management (TQM). Merkmale des TQM sind neben der Qualitätsorientierung die ständige Verbesserung des gesamten Systems vom Rohstoff über die Herstellung des Produkts bis hin zum Kundenservice (vgl. Paller 2009, S. 11–14)

Zusammensetzung des Namens:

Der Name der Norm DIN EN ISO 9001:2008 setzt sich aus verschiedenen Elementen zusammen:

- O DIN steht für Deutsches Institut für Normung und bedeutet bei einer Norm, dass sie auf nationaler Ebene gültig ist
- O EN steht für Europäische Norm und sagt aus, dass sie auf europäischer Ebene Gültigkeit besitzt
- O ISO heißt International Organisation for Standardisation. Die ISO wurde 1947 gegründet und stellt eine Vereinigung von derzeit 96 Normungsorganisationen

dar, darunter auch das Deutsche Institut für Normung. Normen mit der Bezeichnung ISO sind international gültig (vgl. Stennkamp 2009, S. 2).

Die erste Zahl steht für die Normnummer. Die Norm DIN 1 ist zum Beispiel eine Norm für Kegelstifte. Die 9001 gehört dagegen zu einer Normreihe der sogenannten 9000er Reihe. Die 9000er Reihe ist also eine international gültige Normenreihe zum Aufbau und zur Bewertung von QM Systemen. Die zweite Zahl gibt das Jahr der Überarbeitung an. Im Jahre 2000 gab es eine größere Revision und Reformierung der 9001er Norm. In 2008 erfolgte die bislang letzte Überarbeitung mit einer Einführung besserer Definitionen. Doch ist die 2000er Version heute noch genau so gültig wie die 2008er, die 2008er sollte allerdings besser verständlich sein und für mehr Klarheit sorgen (vgl. Stennkamp 2009, S. 2).

Die 9000er Reihe hat ihren Ursprung, wie bereits betont, in der Industrie. Die ursprünglich sehr technische Orientierung der Norm wurde im Verlauf ihres Bestehens an die Bedürfnisse des Gesundheitssystems angepasst. Durch ihre neue und eher allgemeine Formulierung eröffnet sie auch den Organisationen einen breiten Spielraum (vgl. Ernst 2008, S. 36).

Die Normenreihe:

Heute gehören zu der Normenreihe lediglich noch drei Normen: die 9000, 9001 und 9004.

Abb. 1 (Kaim 2012)

DIN EN ISO 9000:

In der Norm 9000 finden sich Grundlagen und Begriffe. In der 9001 werden Mindestanforderungen zur Zertifizierung gestellt, und in der 9004 wird dem Leser ein Leitfaden zur Leistungsverbesserung an die Hand gegeben. (vgl. Ernst 2008, S. 37).

Die Norm 9000 gibt dabei acht Grundsätze für das Qualitätsmanagement vor:

1. Kundenorientierung
2. Führung
3. Einbeziehen der Person. Dies soll ein wesentliches Führungsprinzip des Qualitätsmanagements sein.
4. Prozessorientierter Ansatz. Alle Tätigkeiten und Ressourcen sollen als Prozesse gesehen, geleitet und gelenkt werden.
5. Systemorientierter Managementansatz. Das System soll als Summe der Prozesse gesehen werden.
6. Ständige Verbesserung
7. Sachbezogener Ansatz zur Entscheidungsfindung. Entscheidungen sollen rein auf Grundlage von Zahlen, Daten und Fakten getroffen werden.
8. Lieferantenbeziehungen zu gegenseitigem Nutzen, weil Organisationen wesentlich von ihren Zulieferern abhängen (vgl. Ernst 2008, S. 37f).

DIN EN ISO 9001:

Die Normanforderungen, die in der Nummer 9001 zu finden sind, müssen von einem Unternehmen inhaltlich beantwortet und nachgewiesen werden, damit es zertifiziert werden kann. Damit stellt die 9001er Norm das Herzstück der Reihe dar, ebenso wie das Prozessmodell, welches sich hier finden lässt, und in das sich alle Forderungen einordnen lassen (vgl. Stennkamp 2009, S. 4–7).

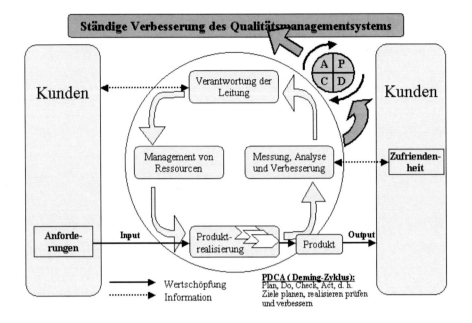

Abb. 2 (Huppertz 2012)

Die Anforderungen der 9001 sind in vier Kategorien unterteilt:

Die erste Kategorie betrifft / beschreibt die Verantwortung der Leitung. Hier finden sich alle Anforderung an sie wieder. Die Leitung soll eine Qualitätspolitik mit transparenten Qualitätszielen formulieren. Dafür soll eine umfassende Qualitätsplanung aufgestellt werden, in der alle Maßnahmen und Methoden zum Erreichen der Ziele festgelegt sind. Dies alles fließt dann mit den dazugehörigen Verantwortlichkeiten und Befugnissen in ein eigenes QM-Handbuch ein. Dazu gehört auch ein System zur Steuerung von Dokumenten und anderen Aufzeichnungen. Letztendlich ist das Management dazu verpflichtet, das gesamte System – inklusive aller Prozesse – regelmäßig bewerten zu lassen (vgl. Stennkamp 2009, S. 4).

Das zweite Anforderungskapitel der 9001er Norm betrifft / beschreibt Management und Ressourcen. Hierin geht es um die Identifikation und Verfügbarkeit aller dem Unternehmen zur Verfügung stehenden Mittel. Demnach muss ersichtlich sein, wie sich das Personal zusammensetzt, wie es gefördert wird, wie es ausgewählt wird und ob die Arbeitsumgebung, also z. B. Hard- und Software etc, optimal ist (vgl. Stennkamp 2009, S. 4).

Im dritten Abschnitt Produktrealisierung werden Anforderungen an das Unternehmen gestellt, nach denen es aufzeigen muss, wie es Kundenanforderungen identifiziert und wie diese dann vereinbart werden. Insbesondere Dienstleistungsunternehmen müssen ein nachvollziehbares Prozessmanagement aufweisen. Hier kommen auch die Begriffe Plan, Do, Check und Act nach dem Deming Zyklus (Abb. 2) zum Tragen. Für die Produktion fallen weiterhin noch Forderungen nach der Kennzeichnung und Rückverfolgung von Teilen sowie der Lagerung, Handhabung und einem Prüfmittelmanagementsystem an (vgl. Stennkamp 2009, S. 4f).

Der letzte und vierte Abschnitt nennt sich Messung, Analyse und Verbesserung. Die Forderungen unter diesem Kapitel beziehen sich auf die Maßnahmen zur Messung und Analyse von Prozessen und insbesondere der Kundenzufriedenheit. Diese Maßnahmen müssen genau geplant werden, als Dreh- und Angelpunkt gilt hier das so genannte Audit. Die Erkenntnisse sollen dann zu nachvollziehbaren Korrekturen und / oder vorbeugenden Maßnahmen führen (vgl. Stennkamp 2009, S. 5).

DIN EN ISO 9004:

Als letzte Norm der 9000er Reihe fehlt nun nur noch die Nummer 9004. Sie beinhaltet die Anforderungen der 9001er und geht noch darüber hinaus auf einen erweiterten Bereich der QM-Ziele ein. Die 9004er ist also für Unternehmen gedacht, die eher in Richtung des Total Quality Management (TQM) gehen wollen und somit ganzheitlichen und / oder nachhaltigen Unternehmenserfolg anstreben. Interessanterweise können Organisationen nicht nach dieser Norm zertifiziert werden (vgl. Stennkamp 2009, S. 7).

Anhand der vorgestellten Grundlagen der 9000er Reihe wird ersichtlich, dass sie die Kundenorientierung in den Mittelpunkt des unternehmerischen Handelns stellt. Am Regelkreis (Abb. 2) kann man sehr gut erkennen, dass der Kundenstamm des Unternehmens durch seine Forderungen die Prozesse massiv beeinflusst. Die Qualitätsziele, welche im Normalfall durch die Leitung bestimmt werden und die Prozesse bestimmen, richten sich also nach den Wünschen der Kunden. Die Qualität der Prozessprodukte wird ebenfalls vom Kundenkreis beurteilt. Daraus ergibt sich dann Kundenzufriedenheit bzw. - unzufriedenheit, die dann wiederum gemessen, analysiert und in Korrekturmaßnahmen, wie z. B. neue Qualitätsziele, einfließen kann. Die Umsetzung im Unternehmen findet gemäß Prozessmodell im inneren Regelkreis ihre Erfüllung. Dies wird möglich durch eine ebenfalls genormte interne Kommunikation und natürlich durch das zur Verfügungstellen aller nötigen Mittel wie Personal, Material etc. Das System und seine Prozesse werden durch messende und überwachende Maßnahmen unterstützt und dienen der zur Qualitätsverbesserung notwendigen Datenanalyse (vgl. Stennkamp 2009, S. 8).

Dokumentation:

Der zweite wichtige Baustein gemäß der 9001er Norm ist das Dokumentationssystem. Die Dokumentation dient als Zeichen für Qualitätsfähigkeit, weshalb ein Unternehmen ohne Dokumentation nicht zertifiziert werden kann.

Dementsprechend gibt es auch hier Forderungen an die Dokumentation seitens der Norm: Dokumentierte Qualitätspolitik und Qualitätsziele

- Ein QM-Handbuch
- Dokumentierte Verfahren, welche von der ISO gefordert werden.
- Dokumente, um die wirksame Planung, Lenkung und Durchführung der Organisationsprozesse sicherstellen zu können.
- Aufzeichnungen, welche von der ISO gefordert werden (vgl. Stennkamp 2009, S. 9).

Die Wahl des Mediums bei der Umsetzung der Dokumentation gemäß der Norm ist dabei dem Unternehmen freigestellt. Ebenso kann der Umfang der Dokumentation von Unternehmen zu Unternehmen stark schwanken. Art der Tätigkeit sowie die Komplexität und Wechselwirkung der Prozesse haben einen großen Einfluss darauf, welche Formulare, Checklisten, Protokolle und Berichte einfließen müssen (vgl. Stennkamp 2009, S. 9).

QM-Handbuch:

Der wohl wichtigste Baustein in der Dokumentation ist das QM-Handbuch. Es hat die Funktion, eine Übersicht über Struktur und Funktion des QM-Systems zu geben. Die 9001er Norm gibt auch hier die Anforderungen vor. Folgendes muss mindestens enthalten sein:

- Der Anwendungsbereich des QM-Systems. Weiterhin müssen alle Ausnahmen begründet werden.

○ Es müssen alle dokumentierten Verfahren und / oder Verweise darauf enthalten sein. Dokumentierte Verfahren sind Verfahren, die festgelegt, dokumentiert, verwirklicht sind und aufrecht erhalten werden.

○ Die Beschreibung der Wechselwirkung von Prozessen im QM-System (vgl. Stennkamp 2009, S. 10).

Letztendlich ist das QM-Handbuch der rote Faden, der durch das QM-System führt. Da dies allerdings äußerst umfangreich werden kann, gibt es für das berufliche Handeln gesonderte Verfahrensanweisungen, Aufzeichnungen und Informationsquellen, die maßgeblich sind. Ausgewählte Verfahren und Aufzeichnungen sind nach der 9001er Norm allerdings Pflicht und müssen demnach auch dokumentiert werden.

Zu den geforderten Verfahren gehören:

○ Lenkung von Dokumenten

○ Lenkung von Aufzeichnungen

○ Internes Audit

○ Lenkung fehlerhafter Produkte

○ Korrekturmaßnahmen

○ Vorbeugende Maßnahmen (vgl. Stennkamp 2009, S. 11).

Zu den geforderten Aufzeichnungen zählt:

○ Managementbewertung

○ Ausbildung, Schulung

○ Planung der Produktrealisierung, Bewertung der Kundenanforderungen

○ Produktentwicklung

○ Beurteilung von Lieferanten

○ Validierung der Produktions- bzw. Dienstleistungsprozesse

○ Kennzeichnung und Rückverfolgbarkeit, wenn gefordert

○ Eigentum des Kunden

○ Planung, Durchführung und Ergebnisse von Audits

○ Prüfmittel, Überwachung und Messung

○ Lenkung fehlerhafter Produkte

○ Korrektur- und vorbeugende Maßnahmen (vgl. Stennkamp 2009, S. 11).

Das Audit:

Die wirksame Verwirklichung und Aufrechterhaltung der Mindestanforderungen der ISO 9001 sowie die von der Organisation festgelegten Vorgaben werden in so genannten internen Audits ermittelt. Ein Audit bzw. das Zuhören kann / könnte mit einem Coaching verglichen werden. Es soll eine unabhängige und systematische Untersuchung der betrieblichen Praxis sein, wobei der Istzustand am Sollzustand wie mit einer Schablone verglichen wird. In dem Fall, in dem die betriebliche Praxis mit der Schablone nicht übereinstimmt, müssen entweder unrealistische Vorgaben oder aber das berufliche Handeln angepasst werden. Dementsprechend werden also auch Sollvorgaben hinterfragt, wobei bei Normvorgaben nur die Normkonformität geprüft wird. Elementar scheint hierbei die Unabhängigkeit des Auditors. Dies soll Interessenkonflikten, Betriebsblindheit, fehlender Objektivität und Schönfärberei vorbeugen (vgl. Stennkamp 2009, S. 14).

Die Zertifizierung:

Abschließend folgt der Prozess der Zertifizierung. Das Zertifikat an sich wird von einem unabhängigen Dritten ausgestellt, z. B. dem TÜV-Süd. Das Zertifikat soll dem Unternehmen bescheinigen, dass es die Anforderungen nach DIN EN ISO 9001 erfüllt. Interessanterweise differieren die Kosten für ein Zertifikat von Zertifizierer zu Zertifizierer erheblich. Der Ablauf ist recht simpel. Nach einem Erstgespräch wird ein Angebot erstellt, danach werden der Vertrag geschlossen, die Dokumentation überprüft, ein Audit durchgeführt und nach dessen Dokumentation über die Zertifizierung entschieden. Für einen Betrieb mit einer Größe von ca. 100 Mitarbeitern kostet dies dann durchschnittlich 10000 Euro. Die erfolgreiche Durchführung eines solchen Vertrags verleiht dem Unternehmen für drei Jahre das ersehnte Zertifikat, allerdings wird jedes Jahr ein Überwachungsaudit durchgeführt, welches im schlimmsten Fall zu einer Aberkennung führen kann (vgl. Stennkamp 2009, S. 16).

Bei der Einführung und Anwendung eines QM-Systems auf Grundlage der DIN EN ISO 9001. können folgende Problemfelder auftreten (vgl. Stennkamp 2009, S. 17):

o   Vorgaben entsprechen mehr dem Ideal und weniger der zu zertifizierenden Praxis;

o   eine unter Zeitdruck bzw. von außen aufgezwungene Zertifizierung, die ohne ausreichende Beteiligung der Mitarbeiter erfolgt, kann unter Umständen zu einem QM-System führen, das von den Akteuren im beruflichen Alltag nicht ausreichend nachvollzogen und nicht genügend mitgetragen wird;

○ Aufbau und Projektfortschritt werden nicht oder nicht ausreichend kommuniziert;

○ die Schlüsselfiguren des Unternehmens besitzen nur unzureichende Kompetenzen (vgl. Stennkamp 2009, S. 17);

2.2 Die Jugendberufshilfe

Der Nutzen und die Grenzen der DIN EN ISO 9001 in der Sozialen Arbeit sollen (ab Kapitel 3) an der Jugendberufshilfe aufgezeigt werden. Das Ziel der Jugendberufshilfe ist es, Jugendliche und junge Erwachsene in den Arbeitsmarkt zu integrieren. Dies soll insbesondere Benachteiligte, die an der ersten und / oder zweiten Schwelle des Arbeitsmarktes scheitern, in ihrer beruflichen Biografie fördern. (vgl. Stuckstätte 2001, S. 20).

Jugendberufshilfe ist als ein zeitlich befristetes Instrument zu sehen, welches kompensatorisch und qualifizierend wirken soll. Die Aufgabe der Hilfe übernehmen in der Regel Schulen, entweder allgemeinbildende oder berufsbildende. Zu den gängigsten Hilfen zählen hier das Berufseinstiegsjahr (BEJ) und das Berufsvorbereitungsjahr (BVJ). Des Weiteren ist die Jugendberufshilfe auch Teil der Jugendsozialarbeit sowie umfassender Maßnahmen der Bundesagentur für Arbeit (BA). Zu den Berufsvorbereitenden Maßnahmen der BA gehört neben den ausbildungsbegleitenden Hilfen (abH), der Berufsausbildung in außerbetrieblichen Einrichtungen (BaE) und dem Einstiegsqualifizierungsjahr (EQJ) auch die Berufsvorbereitende Bildungsmaßnahme (vgl. Stuckstätte 2001, S. 20). Weitere Projekte und Maßnahmen der Jugendberufshilfe sind mit den allgemeinbildenden Schulen verknüpft, sie werden jedoch im vorliegenden Buch bewusst vernachlässigt.

Ziel der Jugendberufshilfe ist zum einen die berufliche Integration. Diese hat ihrerseits sozial- sowie ordnungspolitische und volkswirtschaftliche Gründe. Jugendliche sollen durch eigene und qualifizierte Arbeit an der Gesellschaft teilhaben können und sich an materiellen, sozialen und / oder kulturellen Werten messen. Weiterhin sollen Jugendarbeitslosigkeit und dementsprechend auch Randgruppenexistenzen vermieden sowie neue Ausbildungs- und Arbeitskraftpotenziale erschlossen werden. Zum anderen sollen Jugendliche in der Jugendberufshilfe Leben lernen ohne Arbeit. Dies meint, dass zur Zielsetzung der Hilfe auch gehören muss, Jugendliche auf mögliche Phasen der Arbeitslosigkeit vorzubereiten (weiterführend Stuckstätte 2001, S. 20). Jugendarbeitslosigkeit kann nicht durch die Jugendberufshilfe ausgeschaltet werden, da andere Faktoren den Ausbildungs- und Beschäftigungsmarkt beeinflussen. Dementsprechend kann die Vorbereitung auf Zeiten der Arbeitslosigkeit die Jugendlichen stärken, so dass sie trotz alledem einen befriedigenden Lebensalltag für sich verwirklichen und zukünftig aus eigenem Antrieb in eine existenzsichernde Beschäftigung gelangen können (vgl. Stuckstätte 2001, S. 20).

Das Zwei-Schwellen-Modell:

Dieses Modell orientiert sich am bundesdeutschen Schul- und Berufsbildungssystem und meint den Übergang von der Schule in die Ausbildung und von der Ausbildung in den Beruf. Die Übergänge an der ersten und zweiten Schwelle sind herausfordernde Stationen für junge Erwachsene. Der Schulabschluss stellt eine Zugangsberechtigung für das Ausbildungssystem dar und der Ausbildungsabschluss die Berechtigung zur Teilhabe an der Arbeitswelt. Diese beiden Schwellen, die erste nach der Schule und die zweite nach der Ausbildung, beeinflussen die Erwerbskarriere extrem. Die erste Schwelle ist gekennzeichnet durch das Erreichen des Schulabschlusses, die Entscheidung für eine Ausbildung und den Ausbildungsbeginn. Das große Risiko ist hier die Ausbildungslosigkeit. Die zweite Schwelle ist geprägt von Ausbildungsabschluss, Stellensuche und Beginn der ersten Erwerbstätigkeit Das große Risiko ist die Arbeitslosigkeit (vgl. Weil 2009, S. 322f).

2.2.1 Jugendliche

Obgleich es von der Antike bis heute ganz verschiedene Klassifikationen und Lebensaltereinteilungen gibt, so geht es hier in diesem Buch um die Jugendlichen nach der aktuell gültigen Definition von Jugend. In der Gesellschaft und der Kultur unserer Tage gibt es ein so genanntes modernes Verständnis von Jugend, weil Lebensaltereinteilungen und Jugend kulturgebundene Begriffe sind. Gegen Ende des 19. Jahrhunderts setzte sich eine für den Jugendbegriff maßgeblich durch Biologie und Entwicklungspsychologie begründbare Lebensphase durch (vgl. Ferchhoff 2007, S. 85f). Bald darauf standen bei dem Versuch, den Begriff Jugend für das 20. Jahrhundert fassen zu können, insbesondere die phasenspezifischen Übergänge im Mittelpunkt der Überlegungen. Heutzutage ist Jugend mit ihrer Ankunft im 21. Jahrhundert zu einer durchlässigen und fragilen Phase im Leben des Menschen geworden, die nicht allein durch die Geschlechtsreife, Körperwachstum und ähnliches eingegrenzt werden kann. Vielmehr gehen verschiedene Phasen ineinander über und vermischen sich. Es kann nicht immer klar abgegrenzt werden, wann der Mensch noch Kind oder Jugendlicher und schon Erwachsener ist. Dies wird insbesondere durch längere Schul- und Ausbildungszeiten sowie Zweit- und Drittausbildungen befördert, weil selbst diese Stationen im Leben nun nichts mehr über die Reife des Menschen aussagen können. So ist ein Mensch, der mit 22 Jahren Erstausbildung oder Studium beginnt, vielleicht kein Jugendlicher mehr, aber einer, der mit 16 Jahren eine duale Ausbildung beginnt, schon. Die Jugendphase an sich ist also ein mittlerweile eher schwammiger Begriff, der nicht auf alle Individuen unserer Gesellschaft gleichermaßen angewandt werden kann. Zumindest aus Sicht der Sozialwissenschaft ist der Begriff Jugendphase unabhängig von normativen, entwicklungsbezogenen und epochaltypischen Vorstellungen heute eher Teil der individuellen Lebensphilosophie und Lebensart (vgl. Ferchhoff 2007, S. 85ff).

Dennoch gibt es in unserer Gesellschaft vielerorts Normen, die die Jugendphase für bestimmte Bereiche definieren. So ist bei der Deutschen Bahn ein Student mit Eintritt in das 26. Lebensjahr kein Jugendlicher mehr, er bekommt dementsprechend keinen Studentenrabatt mehr (vgl. David 2012). Im Jugendstrafrecht beginnt die strafrechtliche Verantwortung mit dem 14. Lebensjahr (vgl.§ 3 JGG). Zwischen dem 18. und 20. Lebensjahr kann ein sogenannter Heranwachsender sowohl nach dem Jugendstrafrecht als auch nach dem Erwachsenenstrafrecht verurteilt werden (vgl. §§ 105ff. JGG und §§ 20, 21 StGB). Nach dem Sozialgesetzbuch VIII ist ein Jugendlicher ein junger Mensch, der 14 Jahre alt, aber noch nicht 18 ist. Weiterhin unterteilt das Buch in Kinder von 0 bis 14 Jahre, Jugendliche, junge Volljährige von 18 bis 27 und junge Menschen unter 27 Jahre, die alle im Geltungsbereich der Kinder- und Jugendhilfe liegen (vgl. §§ 6 u. 7 SGB VIII).

Zur Zielgruppe der Jugendberufshilfe gehören – wie der Name schon sagt – Jugendliche speziell im Alter von 14 bis 27. Die Benachteiligungen der jungen Menschen umfassen Lernbeeinträchtigungen, Sprach- und / oder Integrationsschwierigkeiten, soziale und Arbeitsmarktbenachteiligungen, um nur einige zu nennen (vgl. Stuckstätte 2001, S. 20f).

2.2.2 Berufsvorbereitende Bildungsmaßnahme

An der ersten Schwelle gibt es, wie bereits vorgestellt, verschiedene Maßnahmen der Bundesagentur für Arbeit, welche den jungen Erwachsenen den Übergang erleichtern sollen. Eine dieser Maßnahmen ist die Berufsvorbereitende Bildungsmaßnahme (BvB) nach § 51 SGB III. Diese Maßnahme soll hier stellvertretend für die Jugendberufshilfe genauer dargestellt werden. Und zwar deshalb, weil einerseits Leistungen nach dem SGB III Vorrang vor anderen Leistungen der Jugendberufshilfe haben (vgl. § 10 Abs. 1 S. 1) und ihr dementsprechend größere Beachtung zusteht. Andererseits unterliegen die Dienstleistungsunternehmen, welche diese Maßnahme im Auftrag der BA durchführen, seit dem 01.04.2012 bzw. 01.01.2013 der Pflicht zur Zertifizierung.

Dauer:

Die Dauer der Maßnahme, genannt Regelförderdauer, beträgt maximal 10 Monate. Für junge Menschen mit einer Behinderung erweitert sie sich auf 12 Monate. Dies gilt genauso für Heranwachsende, die auf einen Hauptschulabschluss oder einen gleichwertigen Schulabschluss vorbereitet werden sollen. Bei TeilnehmerInnen, die bereits auf der Ebene der Übergangsqualifizierung einsteigen, ist die Dauer auf neun Monate begrenzt. Diese Regelungen können jedoch aufgrund individueller Sachverhalte verändert werden. So kann die Dauer der Förderung z. B. aufgrund konkreter Perspektiven im Hinblick auf einen Ausbildungsplatz oder aber einen Arbeitsplatz verlängert werden. Gleiches gilt bei einer möglichen Gefährdung des Integrationserfolgs durch die regelbedingte Beendigung der Maßnahme (vgl. Bundesagentur für Arbeit 2009, S. 15f). Die individuelle Gesamtförderdauer, die nicht überschritten werden darf, beträgt 18 Monate. Jedoch steht einer erneuten Förderung nichts im Wege, wenn mindestens zwei Jahre zum letzten Besuch einer Berufsvorbereitenden Bildungsmaßnahme (BvB) vergangen sind und die Wiederaufnahme durch einen Fördererfolg begründbar ist. Die Wochenstundenzahl sowie Urlaub und freie Tage richten sich an den gesetzlichen Richtlinien der Arbeitswelt aus. Dementsprechend absolvieren TeilnehmerInnen einer Berufsvorbereitenden Bildungsmaßnahme eine 39-Stunden-Woche exklusive Pausen. Ihnen stehen 2,5 freie Tage pro Monat zu. Die BvB kann, beispielsweise aus gesundheitlichen Gründen, unterbrochen und für die restliche Regelförderdauer erneut aufgenommen werden (vgl. Bundesagentur für Arbeit 2009, S. 15f).

Bildungsbegleitung:

Die Bildungsbegleitung ist in der Regel an eine Person gebunden, die eine gewisse Anzahl von Jugendlichen – im Durchschnitt 20 Personen – betreut. Aufgabe der Bildungsbegleitung ist es, den jungen Menschen so zu betreuen, dass die koordinierte und organisierte Förderung gewährleistet ist. Dazu gehört auch die Dokumentation des Qualifizierungsverlaufs sowie die Begleitung der Jugendlichen und die Vernetzung mit Behörden. Der / Die BildungsbegleiterIn ist also der Dreh- und Angelpunkt für den Jugendlichen während der Förderdauer, denn er / sie hält nicht nur alle Strippen in der Hand, sondern in Abstimmung mit der BA entscheidet er / sie letztendlich über den Übergang in die verschiedenen Ebenen, die Förderdauer und die individuellen Fördermaßnahmen in der Berufsvorbereitenden Bildungsmaßnahme (vgl. Bundesagentur für Arbeit 2009, S. 29).

Betriebliche Qualifizierung:

Die Heranwachsenden sollen in der Berufsvorbereitenden Bildungsmaßnahme gezielt vermittelt und auf den Arbeitsalltag vorbereitet werden. Beides kann und soll insbesondere durch Praktika erreicht werden. So können Heranwachsende in ausbildungsnahen Handlungsfeldern praktische Erfahrungen sammeln und zum einen ihren Berufswunsch, aber auch ihre Fähigkeiten für den Beruf überprüfen. Weiterhin sollen vorhandene Fähigkeiten entdeckt bzw. verbessert werden, was Heranwachsenden wiederum einen Vorteil bei der weiteren Vermittlung in Ausbildung oder Beschäftigung bringt. Aufgrund der im Praktikum gezeigten Stärken können TeilnehmerInnen unter Umständen direkt in eine Ausbildung an der Praxisstelle vermittelt werden. Die Vernetzung mit möglichst vielen Praxisstellen garantiert eine Vielzahl an Ausbildungsberufen auf unterschiedlichen Berufserprobungsfeldern. Die Praktika der Jugendlichen werden durch den Bildungsbegleiter in Kooperation mit den Betrieben und Jugendlichen vorbereitet, kontrolliert und ausgewertet. Dieser Prozess ist jeweils vertraglich geregelt, insgesamt sollen die Praktikumszeiten die Hälfte der individuellen Förderdauer jedoch nicht überschreiten (vgl. Bundesagentur für Arbeit 2009, S. 18f).

Qualifizierungs- und Förderplan:

Auf der Grundlage des so genannten vertieften Profilings soll durch die Bildungsbegleitung ein Qualifizierungs- und Förderplan erstellt werden. Teile des Profilings sind z. B. Beratungsgespräche, Gutachten und weitere Informationen. Der Qualifizierungs- und Förderplan soll in Kooperation mit den TeilnehmerInnen entstehen und muss von der BA genehmigt werden. Dieser Plan wird nach der Eignungsanalyse erstellt und wird dann ständig fortgeschrieben, so dass eine Prozess- und Beratungsdiagnose möglich ist. Inhalte der Planung sind neben personenbezogenen Daten unter anderem Ergebnisse der Eignungsanalyse, die individuellen Ausgangssituationen der TeilnehmerInnen, die Ziele der jungen Menschen, die Aufgaben aller Beteiligten im Förderprozess, individuelle Förder-angebote und Erfolgskontrollen (vgl. Bundesagentur für Arbeit 2009, S. 16f).

Zielsetzung:

Gemäß § 51 Abs. 1 im SGB III ist das übergeordnete Ziel der Maßnahme, die Vorberei-tung auf eine Ausbildung und / oder die berufliche Eingliederung. Der Schwerpunkt der Berufsvorbereitenden Bildung liegt also in der Vorbereitung junger Menschen auf eine Ausbildung bzw. ihrer Eingliederung in eine Ausbildung. Nachrangig, aber trotzdem relevant, kann dabei die Vorbereitung und Eingliederung in eine Beschäftigung ohne Ausbildung sein. Junge Erwachsene haben so eine Möglichkeit, ihre Fähigkeiten und Fertigkeiten überprüfen und bewerten zu lassen. Solche Erkenntnisse vereinfachen die Berufswahlentscheidung und Orientierung in der Arbeitswelt. Außerdem gewinnen Ju-gendliche auf diesem Wege alle erforderlichen Fertigkeiten und Kenntnisse, die zur Auf-nahme einer Ausbildung notwendig sind (weiterführend Bundesagentur für Arbeit 2009, S. 15f u. 21f). Dazu zählen allgemeine sowie fachspezifische Kenntnisse und eben auch die Möglichkeit, einen Hauptschulabschluss oder einen anderen gleichwertigen Schulab-schluss zu erlangen.

Die dargestellten Zusammenhänge lassen erkennen, dass es nicht nur für Heranwachsen-de individuell wünschenswert, sondern auch gesellschaftlich bedeutsam wäre, die Teil-nehmerInnen einer Berufsvorbereitenden Bildungsmaßnahme nachhaltig in Ausbildung und Beschäftigung zu integrieren. Die Handlungsfähigkeit Jugendlicher auf dem Ar-beitsmarkt zu verbessern führt letztlich in der Gesellschaft zur Senkung der Jugendar-beitslosigkeit. Dies setzt aber auch entsprechende betriebliche Qualifizierungsangebote voraus sowie ausreichende Ausbildungs- und Stellenangebote auf dem Arbeitsmarkt. Nur das führt schlussendlich dann auch zu der von der Bundesagentur für Arbeit geforderten Kundenzufriedenheit (vgl. Bundesagentur für Arbeit 2009, S. 1).

Nutzer:

Zur Zielgruppe der Berufsvorbereitenden Bildungsmaßnahme gehören grundsätzliche alle junge Menschen, die das 25. Lebensjahr noch nicht vollendet, ihre allgemeine Schulpflicht erfüllt und noch keine berufliche Erstausbildung haben. Im engeren Sinn sind insbesondere Heranwachsende angesprochen, die noch nicht über die erforderliche

Ausbildungsreife oder Berufseignung verfügen (vgl. Bundesagentur für Arbeit 2009, S. 2).

Ausbildungsreife definiert die Bundesagentur für Arbeit in ihrem Fachkonzept. Darunter fallen Personen, die aufgrund ihres Alters und ihrer Schulbildung die Mindestvorausset-zungen für eine Ausbildung mitbringen. Diese Definition sieht dabei von berufsspezifi-schen Anforderungen ab (vgl. Bundesagentur für Arbeit 2009, S. 3).

Ausbildungsreife ist ein Begriff mit gesellschaftlicher und politischer Brisanz, der bereits von vielen Experten diskutiert wurde und auch heute noch weiterentwickelt wird. Zu den fünf wichtigsten Bereichen der Ausbildungsreife mit ihren insgesamt 24 Merkmalen ge-hören Schulkenntnisse, psychologische Leistungsmerkmale, physische Merkmale, psy-chologische Merkmale des Arbeitsverhaltens und der Persönlichkeit sowie die Berufs-wahlreife. Weitere Merkmale sind z. B. Zuverlässigkeit, Motivation und Ausdauer in Bezug auf das Arbeitsverhalten. Da diese Merkmale aber immer auch von Bedingungen und gestellten Aufgaben abhängen, müssen für die Beurteilung einer allgemeingültigen Ausbildungsreife diese Merkmale noch empirisch überprüft werden (vgl. Ratschinski und Ariane 2011, S. 22).

Berufseignung lässt sich dagegen einfacher fassen. Berufseignung bezieht sich im Kon-text der BvB auf einen bestimmten Ausbildungsberuf und dementsprechend auf eine be-stimmte berufliche Tätigkeit. Demnach gilt ein Bewerber als geeignet für den Beruf, wenn er die erforderlichen Merkmale und Voraussetzungen für die zu verrichtende Tä-tigkeit mitbringt und die Tätigkeit bei der Person höchstwahrscheinlich zu einer so ge-nannten beruflichen Zufriedenheit führt (vgl. Bundesagentur für Arbeit 2009, S. 3).

Zur Zielgruppe der Berufsvorbereitenden Bildungsmaßnahme zählen ebenso junge Er-wachsene, die an den Anforderungen des Ausbildungsmarktes gescheitert sind und deren berufliche Handlungsfähigkeit durch die Förderung im BvB verbessert werden könnte. Ebenso sollen auch junge Menschen gefördert werden, die einen so genannten komple-xen Förderbedarf haben. Dieser Förderbedarf beinhaltet, dass auch die persönlichen Rahmenbedingungen und die familiäre Situation verstärkt berücksichtigt werden (vgl. Bundesagentur für Arbeit 2009, S. 2).

Neben den vorgestellten Kriterien muss ein Teilnehmer an einer BvB zum so genannten förderungsbedürftigen Personenkreis nach § 52 SGB III gehören. Die in diesem Paragrafen aufgeführten Kriterien decken sich im Prinzip mit den bereits vorgestellten. Allerdings steht hier noch explizit, dass die Fähigkeiten des Jugendlichen erkennen lassen müssen, dass er / sie das Ziel der Maßnahme erreichen kann (vgl. § 52 Abs 1 Nr. 3).

Aufträge der Berufsvorbereitenden Bildungsmaßnahme:

Zu den Kernaufgaben der BvB gehört die Anpassung der Förderung und Qualifizierung an das Individuum, so dass die Fähigkeiten, Kenntnisse und Neigungen des Einzelnen im Vordergrund stehen. Dementsprechend muss das Förderkonzept flexibel und individuell gestaltet sein. Ebenso gehört zu den Aufgaben die Durchführung einer Eignungsanalyse, um im weiteren Verlauf der Förderung einen Plan zur Qualifizierung aufstellen zu können. Das daraus resultierende Qualifizierungsziel soll durch den bereits genannten Bildungsbegleiter verfolgt und sichergestellt werden. Weiterhin ist die regionale und überregionale Akquise von Ausbildungs- und Arbeitsplätzen eine der wichtigsten Aufgaben. Eine Kooperation mit weiteren Qualifizierungsangeboten sowie die Implementierung eines betriebs- und wohnortnahen Qualifizierungskonzept soll darüber hinaus die Individualität und Flexibilität der Förderung sichern. Aus diesen Kernaufgaben resultiert der übergeordnete Auftrag der BvB, die Verbesserung der beruflichen Handlungsfähigkeit sowie eine Erhöhung der Eingliederungschancen junger Heranwachsender auf dem Arbeitsmarkt überhaupt. Solche Chancen sollen sich vor allem durch den produktiven Umgang mit der Heterogenität der TeilnehmerInnen, durch Förderung und Unterstützung von Motivation, Schlüsselkompetenzen und dem Verantwortungsbewusstsein der Jugendlichen entwickeln (vgl. Bundesagentur für Arbeit 2009, S. 4).

Den Schlüsselkompetenzen scheint hierbei ein besonderer Stellenwert zuzukommen. Hier zählen persönliche Kompetenzen, wie Motivation und Werthaltung, soziale Kompetenzen, wie Konfliktfähigkeit und Teamfähigkeit, methodische Kompetenzen, wie Problemlösung und Lerntechniken, lebenspraktische Fertigkeiten, wie Umgang mit Geld und Hygiene, interkulturelle Kompetenzen, wie Verständnis und Toleranz für Tradition und Kultur sowie IT- und Medienkompetenzen, also die Nutzung von neuen Medien. Diese Kompetenzen zu vermitteln, ist ganzheitlicher Auftrag der BvB (vgl. Bundesagentur für Arbeit 2009, S. 4).

<u>Aufbau und Ablauf der Berufsvorbereitenden Bildungsmaßnahme:</u>

Die BvB gliedert sich in verschiedene Qualifizierungsebenen. Diese Qualifizierungsebenen sind die Eignungsanalyse, die Grundstufe, die Förderstufe und die Übergangsqualifizierung. Die Teilnehmer durchlaufen diese Ebenen grundsätzlich in einer festgelegten Reihenfolge. Der Übergang zwischen den Ebenen ist jedoch abhängig vom Jugendlichen zeitlich flexibel und folgt festgelegten und transparenten Kriterien. Unter bestimmten Umständen ist auch ein Rückfall auf eine vorhergehende Ebene möglich (vgl. Bundesagentur für Arbeit 2009, S. 7).

1. Die erste Ebene stellt die Eignungsanalyse dar. Sie ermittelt ressourcenorientiert Stärken sowie Schwächen der Jugendlichen. Unter Berücksichtigung von beruflichen Anforderungen sollen hier insbesondere Gründe für das Scheitern am Arbeitsmarkt herausgefunden werden. Mit Hilfe dieses Stärken- und Schwächenprofils sind die Heranwachsenden möglicherweise besser in der Lage, sich für eine Ausbildung in einem Berufsfeld entscheiden zu können, das ihnen liegt. Aus diesen Ergebnissen erstellt der / die BildungsbegleiterIn einen sogenannten Qualifizierungs- und Förderplan, der wiederum in Form einer Leistungs- und Verhaltensbeurteilung der BA vorgelegt und mit ihr abgestimmt werden muss. Die Eignungsanalyse stellt also die Grundlage für den weiteren Verlauf in der BvB dar. Jede Beurteilung der jungen Menschen bezüglich ihres Kompetenzzuwachses wird mit der Eignungsanalyse verglichen. Erfasst werden in der Eignungsanalyse z. B. schulische Kenntnisse und Fertigkeiten, personale und soziale Fähigkeiten sowie Fertigkeiten und das allgemeine persönliche Verhalten. Als Instrument dafür dienen verschiedene systematische Beobachtungsverfahren, die auf den Teilnehmer abgestimmt sein sollen. Verpflichtend sind dabei die folgenden Verfahren (vgl. Bundesagentur für Arbeit 2009, S. 9f):

   O simulations-/handlungsorientierte Verfahren wie z. B. Rollenspiele und Gruppenaufgaben.

   O Berufsbezogene Verfahren wie z. B. Arbeitsproben.

   O Biografieorientierte Verfahren wie z. B. Interviews.

Im Rahmen der Eignungsanalyse sollen die Teilnehmer darüber hinaus die Möglichkeit haben, sich in einem Berufsfeld ihrer Wahl auszuprobieren. Die BA schreibt vor, dass diese Erprobung in maximal drei der Berufsfelder, welche vom

Bildungsträger angeboten werden, stattfindet (vgl. Bundesagentur für Arbeit 2009, S. 10).

Die Eignungsanalyse dauert in der Regel vier Arbeitswochen und soll auf die Bedürfnisse des Einzelfalls abgestimmt sein, so dass diese vier Wochen auch verkürzt werden können. Nach Ende der ersten Ebene und der Vorlage der gewonnenen Erkenntnisse bei der BA starten Förderung und Qualifizierung. Da jederzeit neue Teilnehmer hinzustoßen können, sind die Maßnahmen der Eignungsanalyse über den kompletten Zeitraum vorzuhalten (vgl. Bundesagentur für Arbeit 2009, S. 10).

2. Die zweite Ebene ist nun die Grundstufe. Hier werden Fähigkeiten, Fertigkeiten und Motivationen der Jugendlichen gefördert und gefestigt. Schwerpunkte dieser Ebene sind Berufswahl und Orientierung. Zu den Förder- und Qualifizierungssequenzen gehören z. B. die Vermittlung allgemeiner und beruflicher Grundlagen, die Sprachförderung, das Bewerbungstraining und eine Grundlagenqualifizierung in IT- und Medienkompetenz (weiterführend Bundesagentur für Arbeit 2009, S. 10f u. 20f).

   Die Dauer der Grundstufe ist ebenfalls flexibel und auf maximal sechs Monate ausgelegt.

3. Die dritte Ebene ist die Förderstufe. Hier geht es insbesondere um die individuelle Verbesserung von Fertigkeiten für eine bestimmte Ausbildungs- bzw. Arbeitsstelle. In diese Stufe kommen, laut BA nur Heranwachsende, die auf der zweiten Ebene keine Ausbildungsstelle erlangt haben. Durch Elemente wie z. B. Sprachförderung und Bewerbungstraining sollen hier noch einmal die beruflichen Grundfertigkeiten verbessert werden. Die Dauer richtet sich auch hier nach den individuellen Bedürfnissen der Jugendlichen bzw. nach den erlangten beruflichen Grundfähigkeiten. Das Ende dieser Ebene und der eventuelle Übergang in die nächste Ebene oder aber in eine qualifizierte Beschäftigung richtet sich also nach dem / der TeilnehmerIn und nach der Gesamtdauer der BvB (vgl. Bundesagentur für Arbeit 2009, S. 11).

4. An vierter Stelle steht die Ebene der Übergangsqualifizierung. Hier steigen die jungen Erwachsenen ein, wenn sie ihre Berufswahlentscheidung getroffen haben, die dann im Rahmen der BvB verwirklicht werden kann. Jugendliche müssen in dieser Station der BvB auch die erwähnte Ausbildungsreife besitzen. So weit als möglich werden die jungen Menschen dabei unterstützt und gefördert, im Laufe

der Maßnahme einen Ausbildungsplatz zu erlangen. Dafür werden arbeitsmarkt-bezogene Qualifikationen vermittelt, insbesondere die betriebsnahe Vermittlung spielt eine große Rolle. Erreicht werden soll dies z. B. über arbeitsplatzbezogene Einarbeitung (weiterführend Bundesagentur für Arbeit 2009, S. 20), aber auch durch nochmaliges Bewerbungstraining und schulische Qualifikationen wie den Erwerb des Hauptschulabschlusses. Diese Werkzeuge der Förderung sind auf die angestrebten Ausbildungsziele auszurichten. Die Dauer der letzten Ebene richtet sich wiederum nach dem individuellen Förderbedarf. Sie endet spätestens nach der maximalen Maßnahmezeit oder wenn der Teilnehmer in eine Ausbildung bzw. qualifizierte Beschäftigung wechselt. (vgl. Bundesagentur für Arbeit 2009, S. 10f).

Abhängig vom jeweiligen Förderbedarf und den individuellen Fortschritten können die teilnehmenden Jugendlichen im Verlaufe ihrer Maßnahme jederzeit diese Ebene errei-chen. Das heißt, in Absprache mit BA und Bildungsbegleitung können bei entsprechen-den Voraussetzungen die Stufen eins bis drei auch übersprungen werden.

Damit das oberste Ziel, der Eintritt in den Arbeitsmarkt, auch gelingt, werden auch er-gänzende Angebote vorgehalten, wie z. B. interkulturelles, Gender- und Mobilitätstrai-ning, pädagogische und didaktische Konzepte zur Auseinandersetzung mit komplexen Problemen, gesundheitsbezogene Angebote und die individuelle Lernbegleitung (weiter-führend Bundesagentur für Arbeit 2009, S. 17f).

Neben der Kundenforderung, Jugendliche in den Arbeitsmarkt zu integrieren, muss sich der Bildungsträger weiteren Forderungen unterwerfen. Um eine berufsvorbereitenden Bildungsmaßnahme überhaupt durchführen zu dürfen, muss ein Anbieter erst durch die Vergabepraxis des europäischen Maßnahmemarktes eine Art Zuschlag erhalten. Auf na-tionaler Ebene und insbesondere für die BvB gilt hier seit dem Jahr 2004 der Ausschrei-bestandard. Dieser wird auf Grundlage der Vergabe und Vertragsordnung für Leistungen - Teil A (VOL/A) angewandt.

2.3 Vergabe von öffentlichen Aufträgen

Eine solche Ausschreibung wird von der Einkaufsorganisation der BA durchgeführt und ist auf Grundlage der Vergabe- und Vertragsordnung für Leistungen - Teil A (VOL/A) bundeseinheitlich standardisiert. Dieser Standard umfasst sogenannte Verdingungsunterlagen bzw. Vergabeunterlagen, in denen produktbezogene Vorgaben zu Personalschlüssel, -einsatz und -qualifikationen, Weiterbildungen und anderes mehr, wie bereits unter der Beschreibung über den Verlauf der BvB aufgezeigt, aufgelistet sind. Der sogenannte Bieter muss hierbei nicht nur den Nachweis über diese Vorgaben erbringen, sondern auch ein Konzept zur Umsetzung sowie ein Preisangebot und einen Nachweis der Eignung. Für die Angebotsabgabe können sich außerdem mehrere Anbieter zu einer Bietergemeinschaft zusammentun, dies soll auch kleineren Bildungsträgern die Teilnahme an den Ausschreibungen ermöglichen. Eine solche gewonnene Ausschreibung sichert dem Bildungsträger nun die Durchführung der Maßnahme für zwei Jahre mit einer Option zur Verlängerung um ein Jahr (vgl. Plicht 2010, S. 11).

Die VOL/A wird vom Vergabe- und Vertragsausschuss für Lieferungen und Leistungen beschlossen und ist der Vergabeverordnung (VgV) unterstellt, welche ihrerseits dem Gesetz gegen Wettbewerbsbeschränkung (GWB) untersteht. Darüber stehen letztendlich die EU-Vergaberichtlinien (vgl. Bundesministerium für Wirtschaft und Technologie 2012). Derzeit gilt für die Vergabe von Dienstleistungen die Richtlinie 2004/18/EG. Ein wichtiges Element in den Richtlinien und Verordnungen ist dabei der sogenannte Schwellenwert. Dieser bestimmt im Zuge der Europäisierung, ab wann eine Ausschreibung nicht mehr nur national, sondern auch auf EU-Ebene veröffentlicht werden muss (vgl. Waldmann 2009, S. 3f). Die Zielsetzung ist dabei, den Wettbewerb auch bei der Vergabe öffentlicher Aufträge zu fördern und dadurch wirtschaftlicher einzukaufen und Haushaltsmittel ökonomischer zu verwenden. Dies soll durch Grundsätze wie Transparenz, Dienstleistungsfreiheit, Nichtdiskriminierung und Verhältnismäßigkeit gesichert werden (vgl. Das Europäische Parlament und der Rat der Europäischen Union 2004, S. 1f).

Die VOL/A soll also der Umsetzung der EU-Richtlinie dienen. Das Ausschreibungsverfahren führt das für die Region zuständige Regionale Einkaufszentrum (REZ) durch. Die für den Bildungsträger, und im Moment der Ausschreibung zugleich Bieter, wichtigsten Elemente sind die sogenannten Los- und Preisblätter. Auf dem Losblatt kann der Interessent ablesen, wie viele Plätze an welchem Maßnahmeort für die Maßnahme vom REZ gesucht werden. Darüber hinaus Informationen zum geforderten Personalschlüssel und weitere Details, auf die sich die Vergabeunterlagen auf so gut wie jeder ihrer Seiten beziehen. Das Preisblatt ist relativ überschaubar und soll das Preis-Leistungs-Verhältnis des Bieters aufnehmen. Bestimmte Teile wie Maßnahmeort und -dauer sind bereits vorgegeben, der Bieter muss noch die genaue Firmenadresse sowie den Preis seiner Leistung eintragen und kann mit Abgabe der restlichen Unterlagen in das Auswahlverfahren einsteigen. Das unter Berücksichtigung aller Umstände wirtschaftlichste Angebot soll dabei den Zuschlag erhalten. Es ist dem REZ sogar möglich, mit dem Anbieter des wirtschaftlichsten BvB Angebotes über notwendige technische Änderungen von geringerem Umfang zu verhandeln, so dass den Rahmenbedingungen der Verdingungsunterlagen noch besser entsprochen wird. (vgl. Waldmann 2009, S. 23f). Letztendlich muss an dieser Stelle auch gesagt werden, dass sich Bildungsträger durch die Vergabepraxis einem erheblichen Kostendruck ausgesetzt sehen (weiterführend Plicht 2010, S. 22). Ob und wie sich kleinere Anbieter, obgleich es die Möglichkeit der Bietergemeinschaft gibt, auf dem Markt halten oder sogar behaupten können, sei dahingestellt, jedoch bleibt die Frage nach der Wirtschaftlichkeit für den durchschnittlichen Bieter bestehen. Anders formuliert: Wie effektiv arbeiten Bildungsträger und wie kann die DIN EN ISO 9000er Reihe durch Mehrarbeit und Mehrkosten den bereits jetzt unter Kostendruck stehenden Dienstleistern wirklich nutzen?

3 Nutzen und Grenzen der DIN EN ISO 9001 in der Jugendberufshilfe

Die Norm des Qualitätsmanagements hält über das *Gesetz zur Verbesserung der Eingliederungschancen* Einzug in die Jugendberufshilfe. Dieses Gesetz ist erst ein paar Monate alt und hat seine Wurzeln im Koalitionsvertrag von CDU, CSU und FDP vom 26. Oktober 2009. Der darin enthaltene Auftrag lautet, die Arbeitsmarktinstrumente auf den Prüfstand zu stellen. Ziel war und ist, wie bereits beschrieben, die bessere Integration junger Heranwachsender in den Arbeitsmarkt. Teilziele sind ein höheres Maß an Ermessensspielräumen vor Ort sowie ein wirksames Controling. Das Gesetz soll dabei den Weg ebnen für mehr Effizienz und Effektivität. Ausbildungssuchende sollen durch zielgerichtete Maßnahmen und deren Verknüpfung mit zweckmäßigem Controling dabei unterstützt werden, schneller und besser in eine sozialversicherungspflichtige Beschäftigung zu gelangen (vgl. Bundesagentur für Arbeit 2012b, S. 2).

Der Gesetzentwurf weißt darauf hin, dass die bisherigen proeffizienten Reformen den Arbeitsmarkt dahin gehend stabilisiert haben, dass Deutschland seit dem Jahr 2010 einen Beschäftigungsaufschwung erlebt. Der Arbeitsmarkt sei durch die Reformen dynamischer, flexibler und reaktionsfähiger geworden. Diese Argumente dienen jetzt dazu, weitere effizienz- und effektivitätssteigernde Regelungen einzuführen. (vgl. Bundesagentur für Arbeit 2012b, S. 2).

Ob diese Zahlen und damit die Argumentation nun der Realität entsprechen oder nicht, kann an dieser Stelle nicht beantwortet werden. Es ist sicherlich ein spannendes, aber auch ein den Rahmen dieses Buches sprengende Thema, inwiefern die Zahlen der Statistik durch Vernachlässigung bestimmter Gruppen (Ältere, Langzeitkranke, Arbeitsuchende mit Vermittlungsgutschein, Ein-Euro-Jobber, Menschen in Altersteilzeit, Aufstocker, Gründungszuschussempfänger und Menschen, die an einer der zahlreichen Maßnahmen der BA teilnehmen) verzerrt sind. Es sollte jedoch als offene Frage im Hinterkopf bleiben (vgl. Tagesschau 2012). Unbestritten ist die Tatsache, dass die Zahl der Erwerbstätigen zumindest im ersten Quartal 2012 gestiegen ist (vgl. Keil 2012).

Das Gesetz zur Verbesserung der Eingliederungschancen verfolgt folgende Zielsetzungen (vgl. Bundesagentur für Arbeit 2012b, S. 2):

○ Mehr Dezentralität. Dadurch soll es möglich werden, die arbeitsmarktpolitischen Instrumente an die Erfordernisse vor Ort anzupassen. Dabei soll eigenverantwortliche Gestaltungsfreiheit und Entscheidungskompetenz bei der Auswahl der Handlungsansätze gewährleistet werden.

○ Höhere Flexibilität. Damit soll auf die unterschiedlichen persönlichen Voraussetzungen der Ausbildungs- und Arbeitssuchenden sowie auf die Anforderungen des Arbeitsmarktes so reagiert werden, dass immer die passenden Instrumente angewandt werden können.

○ Größere Individualität. Dementsprechend sollen passgenaue Maßnahmen zur Verfügung stehen, die den Erwartungen der Suchenden und der Arbeitgeber entsprechen.

○ Höhere Qualität. Die Umsetzung dieses Ziels verfolgt direkt die Steigerung von Effektivität und Effizienz der aktiven Arbeitsförderung.

○ Mehr Transparenz. Sie soll die Handhabung der Dienstleistungen dahin gehend vereinfachen, dass eine klare Adressatenorientierung möglich wird.

Schuldenbremse, Sparpaket und Zukunftspaket sind Begriffe, die spätestens seit Juni 2010 massiv mit Hilfe der vierten Gewalt, also über die Massenmedien, in das Bewusstsein der Bevölkerung gelangen. Auch das vorgestellte Gesetz soll dem Beschluss der Bundesregierung zum Zukunftspaket Rechnung tragen. Aufgrund dieses Beschlusses soll die BA haushaltswirksam dieses Jahr (2012) 2,5 Milliarden Euro und ab 2013 3 Milliarden Euro jährlich einsparen. Dies soll nun durch Strukturveränderungen wie den Umbau und die Abschaffung von Maßnahmen sowie durch Effizienzsteigerungen erreicht werden (vgl. Bundesagentur für Arbeit 2012b, S. 2).

Das Resultat der Veränderungen im SGB III für die Bildungsträger, welche die BvB anbieten, lässt sich, im Gegensatz zum Gesetz selbst, in einem Satz benennen, die Relevanz für die Dienstleister jedoch nicht. Träger der Arbeitsförderung, also auch die Bildungsträger, welche die BvB durchführen, müssen ab spätestens 01.01.2013 nach den neuen Vorgaben zugelassen sein. Die geforderte Zertifizierung erfolgt durch eine fachkundige Stelle gemäß der Akkreditierungs- und Zulassungsverordnung - Arbeitsförderung (AZAV) und dem SGB III (vgl. Bundesagentur für Arbeit 2012d). Fachkundige Stellen sind Zertifizierungsgesellschaften wie DEKRA, TÜV SÜD und andere. Diese werden wiederum von der Deutschen Akkreditierungsstelle (DAkkS) akkreditiert. Bisher hat diese Funktion – in einem anderen Umfang und nur für bestimmte Träger – die BA selbst übernommen. Im Zuge der Veränderungen im Zulassungsverfahren müssen die fachkundigen Stellen, die Bildungsträger zertifizieren wollen, zukünftig direkt von der DAkkS akkreditiert sein. Insgesamt sind zum jetzigen Zeitpunkt (Stand erstes Quartal 2012) ca. 5400 Bildungsträger mit rund 93000 Maßnahmen zugelassen. Diese Zahlen umfassen alle bisher zugelassenen Anbieter sowie Maßnahmen der Arbeitsförderung in Deutschland, die bereits vor dem 01.04.2012 eine Zulassung hatten. Neu hinzu kommen jetzt z. B. private Arbeitsvermittler, die über den sogenannten Vermittlungsgutschein abrechnen (vgl. Hissnauer und Riemer 2012, S. 4f).

In § 178 des überarbeiteten SGB III wird die Trägerzulassung neu geregelt. Neben den in den Punkten 2.2.2 (Berufsvorbereitende Bildungsmaßnahme) und 2.3 (Vergabe von öffentlichen Aufträgen) bereits vorgestellten Forderungen der BA gesellt sich nun in Form von Abs. 4 die Forderung nach einem System zur Sicherung der Qualität hinzu.

Mit diesem neuen Zertifizierungszwang wird die Zahl der 5400 Bildungsträger interessant und sollte in naher Zukunft überprüft werden. Denn es stellt sich die Frage nach dem tatsächlichen Erfolg des geänderten Zulassungsverfahrens. Zum einen gibt es weiterhin zahlreiche kleine Anbieter, die über keinerlei Zertifizierungssystem zur Sicherung der Qualität verfügen zum anderen wird der Zugang zum Markt für neue Bildungsträger zumindest aufwendiger. Dementsprechend wird abzuwarten sein, ob und wie diese Regelung zu einer Art Marktbereinigung führt und was das für die Jugendarbeitslosigkeit in Deutschland unter Umständen bedeutet (vgl. Verband der Solidarität freier Wohlfahrtsorganisationen e.V. 2011, S. 1).

3.1 Qualitätspolitik

Diese Fragen stellen sich nicht nur Betroffene und Wohlfahrtsverbände, diese und weitere Fragen stellte auch die Fraktion DIE LINKE als so genannte kleine Anfrage an die Bundesregierung. Relevant im Sinne dieses Buches erscheinen dabei folgende ausgewählte Aspekte (weiterführend Gysi 2011, S. 2f):

- O Die Linke stellt fest, dass große Träger in der Regel zugelassen sind, jedoch kleine und überwiegend regional arbeitende nicht zertifiziert sind. Frage: Wie viele Träger sind in nächster Zukunft gezwungen, sind, sich zertifizieren zu lassen?
- O Welche Maßnahmen können zur Verhinderung einer Marktbereinigung beitragen?

o Wie hoch sind die Kosten, die durch die notwendigen Zulassungsverfahren entstehen?

o Ist eine Regulierung der entstehenden Kosten geplant - wenn ja, in welcher Höhe und wenn nein, warum nicht?

o Wie ist das Verhältnis von Beanstandungen zwischen zertifizierten und nicht zertifizierten Trägern?

o Welchen Einfluss haben künftig positive Qualitätsergebnisse auf die Vergabeverfahren?

Diese Fragen wurden natürlich von der Bundesregierung beantwortet.

Die Bundesregierung weißt vorab darauf hin, dass sich in der Wirtschaft Qualitätsmanagementverfahren sowie Zertifizierungen der Qualität von Dienstleistung bewährt haben (vgl. Die Bundesregierung 2011, S. 1). Diese Aussage deckt sich mit der in diesem Buch dargestellten Entstehungsgeschichte der DIN EN ISO 9000er Reihe (siehe Punkt 2 und insbesondere 2.1.) Was jedoch in der Antwort der Regierung nicht benannt wird, ist die Tatsache, dass in der freien Wirtschaft, zumindest formal, kein Zwang zur Zertifizierung besteht. Vielmehr wird betont, dass ein Qualitätsnachweis ein höheres Vertrauen hervorruft (vgl. ebd.). Dies bedeutet in Verbindung mit dem Vergabeverfahren, dass das Vertrauen hier insbesondere bei den Einkäufern der Maßnahmen durch eine Art Qualitätssiegel gestärkt werden soll. Rein grundsätzlich ist das zu begrüßen. Doch künftige Erhebungen werden zeigen müssen, ob rein formal erfüllte Anforderungen ausreichend viel über die Qualität aussagen (weiterführend Kneuper und Sollmann 1999, S. 9).

Im Kern wurden die Fragen der Fraktion DIE LINKE wie folgt beantwortet (weiterführend. Die Bundesregierung 2011, S. 2f):

o Anzahl der Träger. Auch die Bundesregierung nennt 5400 zugelassene Träger mit Stand 2010. Über die Größenordnung der registrierten Träger und über die Anzahl der Träger, die voraussichtlich noch zugelassen werden, hat die Bundesregierung jedoch keine Informationen.

Kurze Analyse:
Die Zahl der kleinen, regional arbeitenden Träger ohne Zertifizierung, die bereits Maßnahmen durchführen und sich in Zukunft zertifizieren lassen müssen, wird hier nicht genannt.

O Marktbereinigung. Die Bundesregierung nennt hier verschiedene Vorteile durch das Zulassungsverfahren selbst, wodurch Maßnahmen zur Verhinderung der Marktbereinigung überflüssig würden. So müsse die Zulassung des Trägers zukünftig nur noch alle fünf statt wie vorher alle drei Jahre erfolgen. Preise sollen transparent, Prüfaufwand für kleinere Träger gering und nachprüfbar sein. Auch die Zulassung solle insoweit ein Vorteil sein, dass diese gleichzeitig als Nachweis der Eignung eines Trägers gilt. Wie bereits angeführt stellt dies eine Forderung der BA an Bildungsträger vor den Änderungen dar.

O Kosten. Hier kann die Regierung aufgrund der Determinanten keine Angaben machen. Faktoren, die den Preis mitbestimmen, sind unter anderen die Größe des Bildungsträgers, das Vorhanden- oder Nichtvorhandensein eines Systems zur Sicherung der Qualität, das Recht des freien Marktes und das Verhandlungsgeschick der Bildungsträger.

O Regulierung. Eine finanzielle Unterstützung ist nicht vorgesehen. Auf die Thematik der Kostenregulierung für jährliche Audits sowie die Einführung und Aufrechterhaltung eines Systems zur Sicherung der Qualität wurde nicht eingegangen.

O Beanstandungen. Die Daten des Prüfdienstes Arbeitsmarktdienstleistung (AMDL) lassen eine Analyse im Sinne der Fragestellung laut Bundesregierung nicht zu. Die Begründung der Bundesregierung ist, dass eine Prüfung der Durchführungsqualität unter Berücksichtigung der Zielsetzung der Maßnahme geschieht, und die Bildungsträger oft in mehreren Bereichen tätig sind und somit nicht nur zugelassene Maßnahmen durchführen.

Kurze Analyse:

Die Frage zu dieser Antwort war, wie viele Beanstandungen bei Zertifizierten und wie viele bei nicht zertifizierten Trägern angefallen sind. Die Zahl der Beanstandungen, welche in einem Folgeschritt nach Trägern – die der BA ebenfalls bekannt sind – sortiert werden müssten, werden nicht genannt.

Die Thematik, dass die Produktqualität nicht zwingend hoch bzw. positiv sein muss durch das minimale Erfüllen formaler Anforderungen eines QM-Systems, soll hier noch einmal angemerkt werden, wohl gemerkt, dass zukünftig alle Bildungsträger Anforderungen dieser Art in einem Mindestmaß erfüllen müssen, um weiterhin im Vergabeverfahren bedacht zu werden.

O Einfluss von Qualität auf Vergabepraxis. Die Bundesregierung will zukünftig Maßnahmeerfolge von Bildungsträgern bei der Vergabe berücksichtigen. Dies sei jedoch bis heute an Ländern und Verbänden gescheitert. Zurzeit gibt es dementsprechend nur die Unterscheidung in geeignet und nicht geeignet im Zuge der Eignungsprüfung von Bildungsträgern. Dies rückt abermals die Thematik von formal erfüllten Anforderungen und Prüfung nach Aktenlage in das Blickfeld der vorliegenden Arbeit.

Zusammenfassung: Bildungsträger, die zugelassen werden wollen, müssen gemäß § 178 SGB III über ein System zur Sicherung der Qualität verfügen. Gemäß der AZAV § 2 Abs. 4 benötigt die fachkundige (zulassende) Stelle als Nachweis des Bildungsträgers für das Vorhandensein eines solchen Systems allein die Dokumentation des Systems. Die Dokumentation soll dabei mindestens neun, in der AZAV festgeschriebene Punkte, beinhalten. Ein System an sich wird allerdings nicht vorgeschrieben. Nichtsdestotrotz steht die DIN EN ISO 9000er Reihe in der Zertifizierungsthematik an erster Stelle. Sie ist die international bekannteste, am weitesten verbreitet und kann aufgrund ihrer Allgemeingültigkeit sowie vagen Formulierungen in jedem Unternehmen umgesetzt werden. Durch unterschiedliche Interpretationen können die Verantwortlichkeiten und Abläufe eines Unternehmens auf einem sehr niedrigen Niveau geregelt werden (vgl. Kneuper und Sollmann 1999, S. 9). Andererseits ist die Anpassung der Norm an das jeweilige Unternehmen aus denselben Gründen recht aufwendig (vgl. ebd.).

Die Popularität dieser Norm zeigt sich auch an den Zahlen der im Jahre 2000 weltweit zertifizierten Unternehmen. In 158 Ländern besaßen bereits damals 408.631 Unternehmen ein gültiges Zertifikat. So konnte in den Jahren davor ein jährlicher Anstieg von 20000 bis 60000 Zertifikaten verzeichnet werden. Nach der bereits beschriebenen Revision der Norm und somit nach dem Jahr 2000 konnten diese Zahlen noch übertroffen werden, es gab in den Jahren 2002 bis 2006 einen Anstieg von 120000 bis 330000 Zertifizierungen pro Jahr (vgl. Paller 2009, S. 122f).

Weiterhin wird die Norm in der EU seit spätestens 2008 bis heute gefördert. Über den Europäischen Sozialfonds (ESF) können kleine und mittlere Unternehmen der gewerblichen Wirtschaft sowie Vertreter freier Berufe Zuschüsse zu den Beratungskosten beantragen. Das Ziel der Subvention ist laut Bundesministerium für Wirtschaft die Steigerung der Leistungsfähigkeit sowie Wettbewerbsfähigkeit von kleinen und mittleren Unternehmen. Das Beratungsmittelkontingent pro Unternehmen umfasst insgesamt bis zu 3000 Euro (vgl. Leitstelle Für Gewerbeförderungsmittel Des Bundes 2008). Die Zertifizierungsunternehmen bzw. Beratungsstellen haben sich darauf eingestellt, indem sie mit dieser Förderung nicht nur einfache Werbung für ihre Beratung machen, sondern indem sie die Fördermittel automatisch von den Kosten abziehen und dem Kunden präsentieren. Dadurch wird ihr Angebot preislich attraktiver. Außerdem übernehmen viele Berater für ihre Kunden gleich die Beantragung bei der Vorprüfstelle des Bundesamtes für Wirtschaft und Ausfuhrkontrolle (vgl. Grosser QM-Dienstleistungen 2011).

3.2 Qualitätskosten vs Qualitätsnutzen

Die Einführung eines QM-Systems kostet Geld, und zumindest für gewerbliche Unternehmen und freie Berufe gibt es besagte Unterstützungsleistungen. Die internen Kosten beim Aufbau des Systems über die Zertifizierung bis hin zu den Aufwendungen für einen Berater, der den Prozess der Einführung und Umsetzung begleitet, sind recht unterschiedlich. Je nach Größe des Unternehmens und abhängig von der Verhandlung mit einem geeigneten Beratungsunternehmen können dabei Kosten von 5000 bis 30000 Euro und mehr anfallen. Wobei die 5000 Euro wohl eher bei einem Ein-Mann-Unternehmen und die 30000 eher bei einem mit einer großen Mitarbeiterzahl anfallen. Eine genaue Aussage über die definitiven Kosten für ein bestimmtes Unternehmen lässt sich verlässlich erst nach einer ersten Beratung und Aufnahme der individuellen Sachlage treffen.

Wie werden diese Kosten nun genannt: Qualitätskosten? Vermeidungskosten? Prüfkosten? Fehlerkosten? Einerseits ist die Sichtweise auf die Qualitätskosten so, dass ein Qualitätsmanagement ohne die Berücksichtigung der Qualitätskosten keinen Sinn macht. Andererseits vermittelt der Begriff Qualitätskosten, dass Qualität Geld kostet und dies wäre wie unter Punkt 2 dargelegt falsch. Dementsprechend wäre der Begriff die Kosten der Nichtübereinstimmung passender. Das TQM geht dabei den konsequentesten Weg und versucht die Kosten insgesamt zu senken, ohne die Prüfkosten zu erhöhen. Das TQM stellt dazu ein Magisches Dreieck auf, in dem sich Zeit, Kosten und Qualität gegenseitig bedingen. Sichtweisen und Fachdiskussionen über das Thema Qualitätskosten spiegeln unterschiedliche Standpunkte wider. Es zeichnen sich zwei Sichtweisen ab: Die eine Sichtweise spricht von einer notwendigen Qualitätskosten-Rechnung und davon, dass die Hervorhebung der Qualitätskosten grundsätzlich falsch und sogar eine reine Zeit- und Geldverschwendung sei. Die zweite Seite sieht den Vorteil der Qualitätssicherung vor allem in der folgenden Kettenreaktion. Eine Verbesserung der Qualität werde die Produktivität erhöhen, die Kosten reduzieren, dementsprechend auch den Preis reduzieren und aufgrund dessen den Marktanteil erhöhen (vgl. Paller 2009, S. 147). Dadurch würde dann wiederum die Position des Unternehmens im Branchenumfeld gestärkt, dessen Arbeitsplätze seien sicher. Das Ganze trägt den Begriff *Return on Invest* und werde automatisch höhere Erträge erbringen als Kosten für die Einführung eines Systems zur Sicherung der Qualität verursachen. Aufgrund dieser Fachdiskussion finden sich auch in den verschiedenen QM-Normen unterschiedliche Bezeichnungen wieder. Heutzutage haben sich die Begriffe Qualitätsbezogene Kosten und Qualitätskosten durchgesetzt. In der DIN EN ISO 9000er Reihe gilt der Begriff der qualitätsbezogenen Kosten, wobei hier weiterhin in Übereinstimmungs- und Abweichungskosten unterschieden wird. Bei den sogenannten Übereinstimmungskosten, immer in Bezug auf die bereits beschriebenen Anforderungen an die Beschaffenheit eines Produkts, sind die Kosten bekannt, planbar und nicht vermeidbar. Abweichungskosten weichen dementsprechend von dieser Definition ab, sind nicht bekannt oder planbar und nur schätzbar. Auch aus betriebswirtschaftlicher Verantwortung heraus muss aber auch im Qualitätsmanagement eine Balance zwischen Kosten und Nutzen herrschen, so dass zu den Aufgaben des QM ein Qualitätscontroling und die Kostenrechnung gehören. Es herrscht also in der Fachwelt noch kein Konsens und vielfach ist die Meinung zu hören, dass nicht Qualität schlechthin etwas kostet, sondern nur schlechte Qualität Kosten verursacht. Eine weitere Entwicklung betrifft das schon angesprochene Magische Dreieck. Darauf bezogen hat sich in den 1970er und 1980er Jahren eine betriebswirtschaftliche Geschäftspraxis der Fehlertolerierung durchgesetzt. Diese Praxis unterstreicht die bereits geäußerte These, dass ein Qualitätssiegel nicht gleichbedeutend mit guter Qualität bzw. qualitativ hochwertiger Arbeit sein muss. Die Hauptprämisse dieser Sichtweise ist, dass auch in einem wirtschaftlich geführten Betrieb Fehler vorhanden sein müssen, denn die optimale Qualitätskostenlage liegt nicht bei null Fehlern. Die Prüfkosten wären unangemessen hoch. Dementsprechend wurde unter diesem Aspekt in dem Schnittpunkt von Fehlerverhütungskosten und Fehlerkosten gearbeitet. Fehlerverhütung sind hier die Qualitätssicherungskosten, und Fehlerkosten meinen zum Beispiel Kosten für Reparaturprozesse und ähnliches mehr. In diesem Schnittpunkt sind die ermittelten Gesamtkosten am geringsten und das Unternehmen arbeitet am wirtschaftlichsten (vgl. Paller 2009, S. 148). In den 1980er Jahren setzte sich ausgehend von der Nullfehlertheorie, dem TQM und insbesondere durch neue Mess- und Prüfverfahren in der Industrie das Streben nach einem ganzheitlichen Qualitätsmanagement durch. Wie bereits beschrieben, heißt TQM Total Quality Management und bedeutet neben der Qualitätsorientierung eine ständige Verbesserung des gesamten Systems vom Rohstoff über die Produktion bis zum Kundenkontakt. Jetzt wurden also die Kosten der Qualitätssicherung vollständig aus der Diskussion um Qualität ausgeschlossen. Dies wurde möglich durch kostengünstigere Prüfverfahren und -instrumente sowie einen Perspektivwechsel in der Kostenbetrachtung. Nichtsdestotrotz zeigen Untersuchungen, dass sich die Fehlerkosten in den Unternehmen seit den 1980er Jahren nicht etwa verringert haben, sondern dass viele Betriebe nicht einmal ein Qualitätskostenmanagement unterhalten (vgl. Paller 2009, S. 148f).

Ein wichtiger Faktor ist in diesem Kontext die Nachfrage. Insbesondere in Zeiten der Rezession sind die Kundenanforderungen an die Qualität eines Produkts höher als normal. Dies meint, dass in solchen Zeiten Qualität generell zu besonders günstigen Preisen verlangt wird. Daraus folgt, dass bei Betrachtung und Bestimmung von Qualität immer auch der Preis herangezogen werden muss, denn absolute Qualität ohne Preisbezug gibt es, zumindest in der freien Wirtschaft, nicht (vgl. Paller 2009, S. 146ff).

3.3 Der Sozialmarkt

Die beschriebene Diskussion über Kosten und Nutzen von Qualität findet nun mehr und mehr auch auf dem Gebiet der Sozialen Arbeit statt. Dies zeigt aktuell das Gesetz zur Verbesserung der Eingliederungschancen am Arbeitsmarkt mit seinen Forderungen an die Bildungsträger nach einem System zur Sicherung der Qualität. Die Integration von Wettbewerbs- und Managementkonzepten in die Soziale Arbeit bietet darüber hinaus weitreichende strukturelle Veränderungsmöglichkeiten des sozialen Sektors. Diese neue „Steuerung" (Seithe 2012, S. 115) verfolgt dabei ein grundlegendes Ziel: die Verschiebung der Sozialen Arbeit in Richtung Markt, denn Soziale Arbeit nach dem Wohlfahrtsmodell ist zu teuer geworden. Mittel sollen eingespart, Kosten gedämpft oder gänzlich wegfallen. Die Verantwortung und Existenz sozialer Dienstleistungen wird nun also mehr und mehr verlagert. Die neuen Verantwortlichen sind die sozialen Dienstleistungsbetriebe sowie deren MitarbeiterInnen, und das ist nicht nur in der Jugendberufshilfe zu beobachten. Mechthild Seithe beobachtet und beschreibt dieses Phänomen insbesondere seit den 1990er Jahren. Die Nähe der Berufsvorbereitenden Maßnahmen der Jugendberufshilfe zum SGB VIII wurde bereits festgestellt, nun wird diese Nähe aus wirtschaftlicher Sicht noch weiter angepasst. Die neuen Verantwortlichen sind nun mehr und mehr gezwungen, sich wie Marktakteure auf dem freien Markt zu verhalten. Dementsprechend müssen sich Bildungsträger wie moderne Dienstleistungsunternehmen verhalten, und Mitarbeiter müssen sich ihrem Betrieb gegenüber loyal zeigen. Diese Loyalität dem Betrieb gegenüber kann die Mitarbeiter unter Umständen in Konflikte mit ihren fachlichen Interessen und Handlungen führen. Und zwar dann, wenn sie gegen die wirtschaftlichen Zielvorgaben ihres Unternehmens verstoßen und sich zu einer fachlichen Entscheidung zugunsten der zu betreuenden jungen Heranwachsenden hinreißen lassen. (weiterführend Seithe 2012, S. 127).

Dementsprechend wird natürlich auch das Verhältnis zwischen Auftraggeber und Auftragnehmer verändert. Der Kostenzuweiser gibt den Bildungsträgern vor, wie, in welchem Umfang und auf welche Art Leistungen zu erbringen sind, wie jetzt aktuell an der Forderung nach einem System zur Sicherung der Qualität zu sehen ist. Auf diesem Sozialmarkt stehen sich die einzelnen Dienstleister als Konkurrenten gegenüber und haben alle dasselbe Ziel, nämlich es dem Kostenträger möglichst recht zu machen, indem sie seine Erwartungen möglichst perfekt erfüllen. Diese asymmetrische Beziehung ermöglichte dem Käufer bereits vor dem neuen Gesetz zur Verbesserung der Eingliederungschancen Kontrolle und Einflussnahme auf die Bildungsträger. Grundsätzlich scheint dabei das wichtigste Ziel die Kostensenkung zu sein. Einsparungen werden dadurch erreicht, indem ein Sozialmarkt etabliert wird, auf dem die Unternehmen untereinander um Kosten und Leistungen konkurrieren – natürlich extrem transparent und überprüfbar. Dieser Sparzwang kann zuweilen zu einem Konflikt zwischen fachlich angemessener Entscheidung und dem rechtlichen Anspruch auf Hilfe führen. Anbieter Sozialer Arbeit sind auf den Zuschlag durch den Auftaggeber angewiesen, ja sie brauchen diesen Zuschlag, weil sie sonst nicht mehr auf dem Markt existieren können. Mieten können nicht mehr bezahlt werden, Mitarbeiter müssen entlassen werden (weiterführend Seithe 2012, S. 140). So kann es passieren, dass kompetente Anbieter Sozialer Arbeit vom Markt plötzlich verschwinden, während andere, unter Umständen weniger kompetente und „billigere" Dienstleister zu günstigeren Konditionen die gleiche Maßnahme weiterführen. Theoretisch ist der öffentliche Träger also in der Lage, den Preis bis ins Bodenlose zu treiben, auch bekannt als *Dumping* mit seinen Varianten des *Preisdumpings* und *Lohndumpings* (weiterführend Seithe 2012, S. 140ff).

Die bereits erwähnten Begriffe Effektivität und Effizienz gewinnen in diesem Kontext an besonderer Bedeutung. Die beiden Begriffe gelten nicht nur als Begründung für das Gesetz zur Verbesserung der Eingliederungschancen am Arbeitsmarkt, sie sind darüber hinaus Grundbestandteil der Ursprungsidee der Ökonomisierung Sozialer Arbeit. Diese beiden Begriffe sind mit der Sozialen Arbeit unter dem Aspekt der Wirtschaftlichkeit eng verknüpft (vgl. Seithe 2012, S. 142).

Effektivität ist die Beschreibung des Unterschieds zwischen dem erreichten und dem angestrebten Ziel. Die vorhandene Effektivität zeigt also an, in welchem Ausmaß ein Unternehmen das definierte Ziel erreicht hat. Effizienz hingegen meint, wie wirksam dieses Ziel erreicht wird, also zum Beispiel Ressourcen schonend. Im aktuellen Fall der Sozialen Arbeit zählen zu diesen Ressourcen bisher das Geld und die Fachkräfte, wobei hier auch nur der Lohnaspekt und somit wiederum die Kosten betrachtet werden. Ökonomisch gedacht, soll sich Soziale Arbeit nun also am größtmöglichen Nutzen des Mitteleinsatzes orientieren. Ein wichtiges betriebswirtschaftliches Axiom, welches bei Effizienz und Effektivität immer bedacht werden muss, ist die immerwährende unveränderliche Knappheit aller Güter (vgl. Seithe 2012, S. 142).

Für die Praxis der Sozialen Arbeit sollte die Definition von Effektivität und Effizienz allerdings keinen Rückschritt sondern eher eine Verbesserung bringen. Dementsprechend könnte man sagen, dass in der Sozialen Arbeit die Effizienz sich der Effektivität in dem Sinn unterordnen sollte, dass auch die Ziele der Sozialen Arbeit erreicht werden können. Anders formuliert, eine Effizienzsteigerung des Bildungsträgers muss trotz reduziertem Mitteleinsatz das selbe Ziel mit gleicher oder besserer Qualität erreichen, oder aber mit dem selben Mitteleinsatz einen höheren Output mit gleicher oder besserer Qualität. Ein Effizienzvergleich setzt seinerseits allerdings eine feste Referenzgröße voraus. Das Individuum Mensch (der Nutzer) kann diese Referenzgröße jedoch nicht sein, denn wie der Name schon sagt, ist er ja ein Individuum. Und ein jedes Individuum unterscheidet sich vom anderen – eine „feste Größe" lässt sich nicht ausmachen (weiterführend. Seithe 2012, S. 147f).

Bei der Frage nach der Effektivität der Sozialen Arbeit ist die Qualität, die notwendig ist, um die gewünschten Ziele auf einem professionellen Weg zu erreichen, absolut zentral. Bevor also über Effizienz verhandelt werden kann, müssten die erforderliche Effektivität und die damit einhergehende Qualität umfassend definiert werden. Hier drängt sich eventuell die altbekannte Aussage auf, Qualität würde etwas kosten. Jedoch scheint es vielmehr so zu sein, dass gerade in der Sozialen Arbeit schlechte Qualität viel kostet. Das ist einleuchtend, denn egal ob Hilfen präventiv oder als Intervention angelegt sind, wenn sie ihr Ziel nicht erreichen, verhärten sich Problemlagen und / oder neue treten auf. Gerade aus betriebswirtschaftlicher Sicht erhöht das nachhaltige Effektivitätsdenken den Gewinn, denn es schafft Erfolg und schont Ressourcen. Billige Arbeit, und es geht dabei immer um die Arbeit mit Menschen, gefährdet angestrebte Ziele und kann sie sogar unmöglich machen (weiterführend. Seithe 2012, S. 148ff).

3.4 Qualitätsentwicklung

Nach all dem, was in diesem Buch zusammengetragen wurde, liegt der Schluss nahe, dass dem Qualitätsmanagement (QM) auch und insbesondere innerhalb der Sozialen Arbeit eine enorme Bedeutung zukommt. QM kann sogar als der Katalysator gesehen werden, der das Produkt Soziale Arbeit ganzheitlich erfasst und es erst zu seiner vollen Entfaltung in der Gesellschaft führt. Das bedeutet, dass QM zwar im Zuge der Sparzwänge in das System Soziale Arbeit integriert wird. Die Branche der Sozialen Arbeit kann das aber aus ihrer Perspektive nun auch als große Chance sehen und nutzen. So können aktuelle Missstände behoben werden, und moderne Soziale Arbeit bringt dann auch eine echte Verbesserung in allen Bereichen. Damit dies geschieht, muss die Qualitätsentwicklung jedoch die fachliche Ebene ansprechen und wird dann zu einer Weiterentwicklung und Verbesserung der Produktion an sich führen. Verbesserung und Weiterentwicklung bedeutet beispielsweise, Situationen aufzuspüren und zu vermeiden, in denen der Personalschlüssel zu gering ist, in denen fachlich nicht geeignetes Personal eingesetzt wird und ähnliches. Dementsprechend kann das neue Qualitätsmanagement von Fachkräften als Möglichkeit gesehen werden, ihre eigene Arbeit fortwährend und nachhaltig zu verbessern, wodurch auch die Legitimation nach außen eine völlig neue Facette erhalten kann (vgl. Seithe 2012, S. 205). Damit diese Möglichkeit jedoch Realität werden kann, dürfen QM-Systeme nicht mechanisch und unkritisch, also unreflektiert, adaptiert werden. Vielmehr bedarf es sozialpädagogischer Effektivitätsformulierungen und zumindest einer Einbindung von erfahrenen PraktikerInnen Sozialer Arbeit in die Entstehungsprozesse gängiger QM-Normen. Denn der Qualitätsbegriff wurde und wird, wie nicht zuletzt die Debatte über die Qualitätskosten zeigt, mit dem Entgelt verwoben. Abzuwarten bleibt also weiterhin, ob die durch das Qualitätsmanagement offenkundig werdenden notwendigen Qualitätsentwicklungen künftig auch mehr kosten dürfen. Es könnte prekär werden, wenn die fachliche Qualität professioneller Sozialer Arbeit zu einem reinen Aushandlungsprodukt zwischen Kostenträger und Leistungserbringer verkommt und sich den puren Marktmächten unterwerfen muss, wobei der Mächtigere, also der Kunde, entscheiden darf (weiterführend. Seithe 2012, S. 206).

Stehen ein angezielter Sparerfolg und der mögliche Erfolg einer sozialen Hilfeleistung konträr gegenüber, muss abgewogen werden. Als ein denkbarer Kompromiss und Ausweg gilt eine frühzeitige Verselbstständigung, die dann auch gerne mal Hilfe zur Selbsthilfe genannt wird. Bisher ist die fachliche Qualitätsdiskussion darüber allerdings ausgeblieben. Viel eher dreht sich die spartanische Qualitätsdiskussion derzeit um die Möglichkeiten, aktuelle Kosten zu verringern, ohne jedoch auf absehbare Folgekosten einzugehen. Neue Projekte werden gegenwärtig in der Praxis der Sozialen Arbeit unter eben diesem Aspekt immer dann genehmigt, wenn dadurch der Jugendliche schneller selbstständig wird und somit Betreuungskosten für diesen entfallen (weiterführend. Seithe 2012, S. 206). Zunächst scheint das Qualitätsmanagement also noch nicht wirksam zu werden, wenn eine Steigerung der Effektivität sowie die Effizienz der Dienstleistung bei gleichbleibender oder gar Reduzierung der staatlichen Ausgaben unmöglich wird. Sinnvoll wäre es, diesem staatlichen Steuerungsmodell ein sozialpädagogisches QM-System zur Seite zu stellen, welches in seiner Konsequenz fachlich geforderte Aspekte zulässt, auch wenn sie zunächst mehr Geld kosten. Weiterhin müssen dementsprechend alle Anbieter Sozialer Arbeit ein einheitliches System dieser Art implementieren, weil sonst Preisdumping trotz alledem möglich ist. Bisher ist es noch Praxis, dass die guten Ergebnisse eines erfolgreichen Qualitätsmanagements für den Leistungserbringer keinen oder nur einen geringen Einfluss auf die Kostenverhandlungen haben (weiterführend. Seithe 2012, S. 206f).

Das Qualitätsmanagement der aktuellen Generation gibt vor, dass vorhandene Ressourcen besser genutzt werden sollen, nicht aber, welche Ressourcen für mehr Qualität in der Arbeit nötig wären. Dementsprechend sind die nicht vorhandenen Ressourcen bislang tabu. Ein zukünftiges QM-System muss also in der Lage sein, die für qualitativ hochwertige Soziale Arbeit notwendigen Bedingungen zu formulieren und weiterhin dabei helfen, diese auch durchzusetzen. Ohne dieses Vermögen stellt ein QM nur den halben Weg zur gewünschten qualitativ hochwertigen professionellen Arbeit dar, denn so wird nur die Effizienz der Verwaltung von Mängeln verbessert (vgl. Seithe 2012, S. 208).

3.5 NutzerInnen des Produkts

Die Begriffe Dienstleister und Kunde halten bereits seit den 1990er Jahren Einzug in die Terminologie der Sozialen Arbeit. Wie schon in der Einleitung angemerkt, stammen sie ursprünglich aus der Ökonomie und sollten zu einer Privilegierung der KlientInnen führen. Im Sinne der Lebensweltorientierung schienen diese Begrifflichkeiten geeignet, den Nutzer Sozialer Arbeit zum Beurteiler der Qualität des durch den Dienstleister angebotenen Produkts zu machen, so dass er aus dem fürsorglichen Denken herausgelöst und seine Subjektstellung betont werden würde (vgl. Seithe 2012, S. 226). Die dementsprechende freiwillige Adaption dieser Begriffe in die Soziale Arbeit geschah in dem Bemühen, die Leistungen attraktiv für alle zu machen. Brauchbar ist der Kundenbegriff jedoch nur, wenn der/die NutzerInnen tatsächlich als aufgeklärte und nachfragende Verbraucher auftreten können. Sie müssen also trotz ihrer Problemlagen noch in der Lage sein, reflektiert auf dem Sozialmarkt „einkaufen" zu können. Daraus würde folgen, dass Soziale Arbeit nicht mehr für jeden erschwinglich wäre, einfach weil sie sich nicht jeder leisten kann, oder aber, es müssten Blankochecks für alle potenzielle NutzerInnen (KundInnen) ausgestellt werden. Weiterhin müssen die KundInnen von morgen aktiv an Hilfe interessiert sein. Sie müssen nachfragen bzw. überhaupt in der Lage sein nachzufragen. Dementsprechend müsste sich ein neuer Arbeitsbereich Sozialer Arbeit entwickeln, der die KundInnen dazu befähigt, Leistungen kompetent, informiert und motiviert zu überschauen und zu beurteilen. Wenn man nun aber konkrete Leistungen Sozialer Arbeit beispielhaft mit diesem Kundenmodell vergleicht, wird ersichtlich, dass der Kundenbegriff nicht nur unpassend ist, sondern auch zur Aufweichung professioneller Arbeit führen kann. Schließlich geht es um Hilfeleistungen für obdachlose Straßenkinder, ältere Obdachlose, Schüler mit Migrationshintergrund und andere potenzielle Kunden Sozialer Arbeit, diese verspüren erfahrungsgemäß wenig „Kauflust" auf eben diese. Professionelle Soziale Arbeit geht immer vom Bedarf aus, auch wenn die Nutzer ihn nicht erkennen, erkennen wollen bzw. auch wenn sie ihn nicht formulieren können. Die Erkenntnis, welcher Nutzen hier vorliegt, stellt sich für den Nutzer von daher zumeist erst nach intensiver Motivierungsarbeit ein. (vgl. Seithe 2012, S. 227).

Die Arbeit in der Berufsvorbereitenden Bildungsmaßnahme bildet da keine Ausnahme. Die Motivation der Nutzer auf Ausbildungssuche stellt einen nicht zu unterschätzenden Teil der Arbeit dar. Natürlich müssen die Teilnehmer nicht erst motiviert werden, dieses Angebot zu nutzen, denn sie erhalten von der Bundesagentur für Arbeit das Angebot, an einer BvB teilzunehmen und können über dieses frei entscheiden. Anders sieht es jedoch aus, wenn sie an einer solchen Maßnahme als Teil ihrer Bewährungsauflagen teilnehmen müssen. Jedoch beginnt die Motivation schon damit, dass die Nutzer in der Maßnahme den Wert des konkreten Angebots auch erkennen und ausschöpfen, anstatt durch rein körperliche Anwesenheit zu „glänzen". Die Motivationsarbeit geht weiter, wenn die Praktika nicht nach den Vorstellungen der NutzerInnen verlaufen, Bewerbungen immer wieder abgelehnt werden, oder (und dies tritt immer häufiger ein) wenn Heranwachsende mit multiplen Problemlagen keinerlei Interesse an einer Ausbildungsaufnahme erkennen lassen (vgl. Seithe 2012, S. 228).

Motivationsarbeit ist äußerst zeitaufwendig, und Zeit kostet Geld, insbesondere im Dienstleistungssektor. Jugendliche mit aufwendigen Problemlagen brauchen besonders viel Zeit und Zuwendung. Solche „ineffizienten" Klienten könnten also in Zukunft durchaus uninteressant für den Dienstleister werden. Ergebnis: Sie fallen durch den gesellschaftlichen Rost und mehren die doch eigentlich – wie schon erwähnt – zu reduzierende Schar der Jugendarbeitslosen. Für den Anbieter wiederum heißt das, dass die Nutzerzahlen weiter zurückgehen, weil nur noch die aktiv Nachfragenden bedient werden. Dies führt zwangsläufig zur Streichung von Leistungen, die vorher immer auch für jene vorgehalten und erbracht wurden, die sie nun nicht aktiv einfordern können bzw. wollen. (vgl. Seithe 2012, S. 228f).

Ein wenig kooperativer Klient kann dementsprechend sogar als Bedrohung für den Arbeitsplatz eines Mitarbeiters bei einem Anbieter Sozialer Arbeit gewertet werden, weil er die Ergebnisqualität der Dienstleistung verschlechtert. Auch das Unternehmen muss sich in dieser Lesart vor zu vielen passiven und unmotivierten Heranwachsenden schützen, weil sonst die Vermittlungszahlen bei den Verhandlungen für das nächste Maßnahmejahr nicht mehr stimmen. Attraktiv sind demzufolge nur noch Teilnehmer, mit denen innerhalb kurzer Zeit mit geringem Aufwand und geringen Mitteln die Ziele des Auftraggebers erfüllt werden. Profit und Gewinn wären dann in diesem Kontext die neuen Leitbilder sozialer Dienstleistung. Dass die Bedürftigsten dabei unter den Tisch fallen, ist offensichtlich (vgl. Seithe 2012, S. 230f).

In den bereits zu Beginn des Kapitels erwähnten Statistiken werden diese Menschen nun als Zahlen und Daten verwaltet und nicht selten „schön" gerechnet. Sie haben einen ökonomischen Wert sowie eine Verwertbarkeit. Aus Kostengründen werden die „ineffizienten" NutzerInnen auf den Zuständigkeitsmarkt geschoben. Oftmals werden Klienten, auch in Hilfemaßnahmen aufgenommen, die nicht für sie geeignet sind, die sogar gänzlich falsch für sie sind, nur weil sie dem Dienstleister Geld bringen. Ein – zugegeben – extremes Beispiel aus dem Schwarzbuch Sozialer Arbeit (vgl. Seithe 2012, S. 230f):

„Die Praktikantin Petra ist schockiert. Als sie heute zur Arbeit kam, war Christin schon verschwunden. Man hatte sie einfach von der Schule abgeholt und direkt in die Psychiatrie gebracht. Dort würde sie jetzt erst mal eine Zeit bleiben und später müsste für sie dann eben ein anderes Heim gefunden werden, teilte ihr die Heimleiterin mit. (...) Christin war von Anfang an im Heim schwierig gewesen, hatte opponiert gegen die Heimregeln und sich mit den ErzieherInnen angelegt. Wenn Petra aber mit Christin sprach, bekam sie ein ganz anderes Bild von diesem Mädchen. Jemand müsste sich mit ihr befassen, dachte sie, sie ernst nehmen, ihre Art nicht als Angriff sehen, sondern als Hilferuf. Aber ihre zaghaften Worte in der Fallbesprechung wurden gleich abgeschmettert: Christin sei für den Gesamtablauf im Heim und für die anderen Mädchen eine Gefahr, wurde gesagt. Die KollegInnen fühlten sich von ihr provoziert. Sie war und blieb der Störenfried. Als das Mädchen gestern erst vier Stunden nach Schulschluss im Heim auftauchte, entgegen der ausdrücklichen Vereinbarung, gleich zurückzukommen, wurde sie von allen erst eisig empfangen und dann schließlich mit Vorwürfen überschüttet. Christin fing daraufhin an, zu schreien und alle mit Flüchen zu bedrohen. Da berief die Leiterin der Einrichtung spontan eine Sonderteamsitzung ein und alle waren sich sehr schnell einig, dass Christin nicht mehr tragbar und für die Einrichtung eine Gefahr sei. ‚Sie macht uns die Erfolgsquote kaputt und unseren guten Ruf dazu', meinte die Leiterin abschließend." (Seithe 2012, S. 231f)

Ähnliche Beispiele finden sich auch in der Berufsförderung wieder, so sind z. B. Langzeitarbeitslose, wie der Name schon sagt, bereits längere Zeit in einer Form der sozialen Betreuung. Wenn diese Langzeitarbeitslosen nun durch ihren unmotivierten Eindruck in Vorstellungsgesprächen versagen und nach dem vierten oder fünften Stellenangebot der Eindruck entsteht, dass sie selbst an ihrem Scheitern Schuld seien, folgen oft Sanktionen der ARGE, ihre Situation wird damit noch verschärft (vgl. Seithe 2012, S. 231f).

In der Berufsvorbereitenden Bildungsmaßnahme sind solche Tendenzen ebenfalls durchaus denkbar. Demzufolge bedeuten Jugendliche, die leicht in Ausbildung oder Beschäftigung vermittelbar sind, einen voraussichtlichen Gewinn bzw. die Erfüllung der Ziel-

und Qualitätsvorgaben. Heranwachsende mit multiplen Problemlagen, die vor allem die Vermittlung erschweren, dürften dagegen in Zukunft weniger attraktiv werden. Anders sieht es bei jungen Menschen mit einem anerkannten Reha-Status aus. Bei der Vermittlung dieser Teilnehmer (in ein sozialversicherungspflichtiges Arbeitsverhältnis bzw. eine anerkannte Ausbildung) kann ein Bildungsträger 1500 Euro Erfolgsprämie einstreichen, für die Vermittlung von allen anderen Teilnehmern sind es dagegen nur 500 Euro (vgl. Bundesagentur für Arbeit 2012a, S. 2). Daraus resultierend könnten jetzt einfache Kosten-Nutzen-Rechnungen aufgestellt werden, wonach dann die Teilnehmer, die nur 500 Euro "bringen", aber aufgrund ihrer individuellen Problemlagen ungleich schwieriger zu vermitteln sind, aus einer rein wirtschaftlichen bzw. gewinnorientierten Perspektive heraus höchstwahrscheinlich weniger gern genommen werden. Sozialpädagogisches Engagement für nicht effiziente Teilnehmer steht also im Widerspruch zu einer marktorientierten Sozialen Arbeit. Dieser Widerspruch kann zu einer Unterscheidung von Menschen in erste und zweite Klasse führen. Auf diesem Weg würde die moderne Soziale Arbeit die ihr zugrunde liegenden Prinzipien verlassen. Das weite Feld der Sozialen Arbeit ist noch nicht vollständig von der Ökonomie erobert, und in einigen Bereichen ist eine solche Zuspitzung auch noch nicht erkennbar. In anderen Bereichen agieren soziale Dienstleister bereits als vollwertige wirtschaftliche Unternehmen, dies teilweise mit Gewinn und auch in neu erschlossenen Bereichen. Doch Soziale Arbeit will sich um alle bedürftigen Menschen bemühen, eben auch in Bereichen, in denen die kurz- und mittelfristigen Erfolgsaussichten und somit auch die Aussichten auf den rein finanziellen Gewinn schlecht bzw. gar nicht vorhanden sind (vgl. Seithe 2012, S. 232f).

An dieser Stelle stellt sich die Frage, was sichert dann die professionelle Soziale Arbeit in den vielen unterschiedlichen Praxisfeldern vor einer Aushöhlung ihrer ursprünglichen Prinzipien? Theoretisch sollten dies die Produzenten selbst sein. SozialpädagogInnen und SozialarbeiterInnen, die sich auf ihr Verständnis von Sozialer Arbeit berufen. Dieses Verständnis sollte dementsprechend mit den im ersten Kapitel beschriebenen Säulen im Einklang stehen. Die Ökonomisierung der Sozialen Arbeit mit ihren Werkzeugen der Steuerung, wie zum Beispiel dem Qualitätsmanagement, kann dabei so weit vorangetrieben werden, wie es die steuernden Stellen, in diesem Fall die konservativen Parteien CDU/CSU und FDP, voran treiben. Für die Umsetzung der Regelungen werden aber immer auch die Produzenten Sozialer Arbeit benötigt, und diese werden nach dem aufgezeigten (1. Kapitel) Verständnis von Sozialer Arbeit immer eine Umsetzung im Sinne der Menschenrechte, der sozialen Nachhaltigkeit und einer ethischen Reflexion bewirken.

Diese Säulen in Verbindung mit Qualitätsmanagement führen nun zum abschließenden Punkt und zu einem Ausblick in eine mögliche Zukunft der sozialpädagogischen Qualitätssicherung.

4. Qualitätsdenken

Nutzen und Grenzen der Qualitätssicherung wurden hinlänglich dargestellt und diskutiert, sowie die Sinnhaftigkeit eines sozialpädagogischen QM-Systems untermauert. Bezüglich der Grenzen der ISO Norm wurde in der Folge abgeleitet, dass ein zukünftiges QM-System in der Lage sein muss, die für qualitativ hochwertige Soziale Arbeit notwendigen Bedingungen zu formulieren und weiterhin dabei helfen, diese auch durchzusetzen. Denn ohne dieses Vermögen würde ein QM nur den halben Weg zur gewünschten qualitativ hochwertigen Arbeit darstellen. Für die Zukunft der Qualitätssicherung in der Sozialen Arbeit sind Ressourcennutzung und Nachhaltigkeit unabdingbar.

„Die Rettung der Welt entfällt" (Eckert 2012) tönte es an einem Dienstagmorgen über den Äther. Die Konferenz für Umwelt und Entwicklung, auf der das Leitpapier zur nachhaltigen Entwicklung (Agenda 21) beschlossen wurde, liegt nun genau 20 Jahre zurück. Am 20. Juni 2012 fand der neue Weltgipfel statt. Dieser dauerte drei Tage, und die Abschlussschrift, welche von tausenden Mitgliedern enttäuschter Umweltorganisationen und sozialer Bewegungen als „vage Absichtserklärung" (Kürschner-Pelkmann 2012) betitelt wurde, nennt sich, „Die Zukunft, die wir wollen". Den ersten Informationen zufolge sollen die weltweite Armut und die Arbeitslosigkeit durch ökonomisches Wachstum und den in naher Zukunft stärker werdenden Markt grüner Technologien bekämpft werden. Durch diesen Markt sollen zirka 15 bis 60 Millionen neue Jobs entstehen (vgl. Dehmer 2012). Ernüchternd ist die Tatsache, dass in vielen Passagen des Textes nur alte Beschlüsse bestätigt wurden und eher weniger neue und innovative Ideen auf den Weg gebracht wurden (vgl. Kürschner-Pelkmann 2012).

Nichtsdestotrotz sind Nachhaltigkeit bzw. soziale Nachhaltigkeit wichtige Aspekte in der Produktion Sozialer Arbeit, auch aus ökonomischer Sicht. Soziale Nachhaltigkeit und die Menschenrechtsidee in Verbindung mit einem Qualitätsmanagement-System, welches dann noch einer ethischen Reflexion standhält, kann auch den Sparforderungen der Politik langfristig genügen. Um dies verdeutlichen zu können, soll ein Beispiel anhand eines Schaubildes als alternatives System zur 9000er Reihe betrachtet werden.

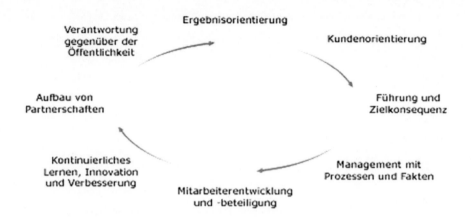

Abb. 3 (Nagel et al. 2012)

Dies ist das Grundmodell der European Foundation for Quality Management (EFQM) Excellence. Eigentlich ist es nur ein weiteres Modell zur Einführung eines Systems zur Sicherung von Qualität, aber die acht Grundprinzipien auf dem Schaubild stellen anscheinend eine stärkere Verbindung zu sozialer Nachhaltigkeit in Aussicht als das ISO-Modell. Das EFQM-Modell stellt ein umfassendes, so genanntes Total Quality Management (TQM) dar. Besonders hervorzuheben ist bei diesem System der explizit geforderte Nutzen für alle an der Organisation Beteiligten sowie für die Gesellschaft als Ganzes. Weiterhin werden hier auch zentrale Aufgaben erwähnt, z.B. dass es nicht ausschließlich auf die Qualität der Produkte ankommt, sondern auch auf die Qualität der Arbeit selbst, auf die Qualität der Prozesse und auf die Mitwirkung aller Beteiligten. Dies meint alle Teilnehmer an der Leistungserstellung, also Personen, Bereiche und Funktionen, und zwar über Unternehmensgrenzen hinaus. Entsprechend der Grundforderungen des EFQM sollen die Nutzer ebenso wie die Kunden und weitere Marktpartner konsequent im Mittelpunkt des Systems zur Verbesserung der Qualität stehen (vgl. Albrecht 2008, S. 42f).

Dies ist nur ein Beispiel dafür, dass es Alternativen zur 9000er Reihe gibt, die zumindest eine Chance auf dem Sozialmarkt verdient haben. Insbesondere deshalb, weil sie Forderungen aufstellen, die den Produzenten Sozialer Arbeit schon immer als Ideal galten. Die Verantwortung gegenüber der Gesellschaft, der Aufbau von Netzwerken und kontinuierliches Lernen sind die besten Beispiele dafür. Jedoch gibt es auch hier Grenzen in der Anwendung (vgl. Albrecht 2008, S. 43). Auch dieses Modell besitzt eine eher allgemein gehaltene Struktur, was ähnlich wie bei der DIN EN ISO 9001 zwar ein Vorteil bei der Einführung in unterschiedlichen Unternehmen und Organisationen sein kann. Aber dementsprechend ist es hier für eine Organisation auch möglich, nach eigenen Wünschen das Modell zu deuten und auszulegen. Somit kann aus der Verantwortung für die Gesellschaft zum Beispiel auch ein Beitrag für die Umwelt werden, so dass jedes Jahr ein Baum gepflanzt wird. Ein neuer Baum ist wichtig. Aber die Verantwortung des Unternehmens für die Gesellschaft aus sozialpädagogischer Sicht zu definieren, ist es nicht minder. (vgl. Albrecht 2008, S. 44).

Getreu dem Motto „Meine Firma soll die Welt verbessern" (Callsen 2012) reicht die Theorie allein nicht aus. Die Welt verbessern, das müssen die ArbeitnehmerInnen und DienstleisterInnen selbst wollen, und damit lässt sich sogar gutes Geld verdienen – wie das Unternehmen LemonAid beweist. Deren Konzept ist relativ simpel: sie kaufen fair gehandelte Zutaten – was an sich schon ein Beitrag zur Verbesserung der Lebens- und Arbeitsbedingungen der Bauern und eine Verhinderung von Zwangs- sowie Kinderarbeit sein kann – und pro verkaufter Flasche Limonade wird ein bestimmter Betrag an den gemeinnützigen Verein LemonAid & ChariTea e.V. gespendet. Dieses Geld soll dann für soziale Projekte verwendet werden (vgl. Callsen 2012). Ob und welches Qualitätsmanagement-System die Firma nutzt, ist nicht ersichtlich, jedoch übernimmt dieses Unternehmen eine Verantwortung für die Gesellschaft: und das global wie lokal. Das Spannende dabei ist, dass das Unternehmen ohne dieser sich selbst auferlegten Verantwortung der Gesellschaft gegenüber sein Profil verlöre und damit höchstwahrscheinlich auch schlechter auf dem Markt dastehen würde. Denn Limonade gibt es wie Sand am Meer, eine Sorte mehr oder weniger fiele hier gar nicht auf.

Das Fazit könnte nun also lauten: Von der Wirtschaft lernen, und zwar genau dies! Obwohl die meisten sozialen Dienstleister wohlklingende Leitbilder mit der Aussicht auf eine bessere Zukunft besitzen und auch den Menschen in den Mittelpunkt ihrer Arbeit stellen, so fehlt es doch oftmals an einem schlüssigen Konzept. Einem Geschäftskonzept, abgesichert mit Hilfe eines umfassenden Qualitätssystems wie beispielsweise dem TQM, in dem die Preise für Maßnahmen wie beispielsweise der Berufsvorbereitenden Bildungsmaßnahme (BvB) auch dem Betreuungsaufwand sowie der Fachlichkeit entsprechen – einfach weil das Unternehmen sonst nicht so gut oder irgendwann gar nicht mehr produzieren könnte. Das Geschäftskonzept sieht also beispielsweise vor, dass die Mitarbeiter Experten auf ihrem Einsatzgebiet sein sollen. Ja, Spezialisten kosten Geld, sie haben einen langen und anstrengenden Bildungsweg unternommen, um dann eine verantwortungsvolle Arbeit verrichten zu können. Ihre Entlohnung sollte nicht in völligem Widerspruch dazu stehen. Denkbar wäre also weiterhin ein Konzept, das auch die Verantwortung gegenüber der Gesellschaft durch die konsequente Vertretung und Überprüfung von Menschenrechten wahrnimmt. Und zwar jener Menschen, die zu den Schwächsten der Gesellschaft gehören. Das ist nicht nur Gutmenschentum und entspringt auch nicht allein dem Ansatz Sozialer Arbeit. Das Konzept fordert ein solches Handeln, weil sonst auf lange Sicht sowohl die Existenz des Unternehmens als auch die berufliche Existenz seiner MitarbeiterInnen gefährdet wäre. Vielleicht nicht sofort, aber wenn Stück für Stück durch Normen und Regelungen der Wohlfahrtsstaat untergraben und ausgehöhlt wird, ist es nur eine Frage der Zeit, wann das gesamte System zusammenbricht (vgl. Seithe 2012, S. 124f).

Die unreflektierte Übernahme sämtlicher „Errungenschaften" der Wirtschaft in die Soziale Arbeit sollte jedoch eher kritisch gesehen werden. Soziale Arbeit muss und wird sich über kurz oder lang den neuen Steuerungsprozessen anpassen, die Frage ist nur, wie? Kann Soziale Arbeit die Forderungen von Gesetzen, wie beispielsweise des Gesetzes zur Verbesserung der Eingliederungschancen am Arbeitsmarkt, verantwortungsbewusst und zum Vorteil der NutzerInnen umsetzen? Unterstützen künftige Qualitätsmanagementsysteme die bislang geltenden Grundlagen und Ideale der Sozialen Arbeit? Oder fährt der Zug in eine andere Richtung und Soziale Arbeit ist ein Akteur wie jeder andere am Markt, der sich dem Primat der Politik bedingungslos unterwerfen muss?

Literaturverzeichnis

Aachener Stiftung Kathy Beys (2011): Lexikon der Nachhaltigkeit | Deutsche Politik | Schutz des Menschen und der Umwelt: Ziele und Rahmenbedingungen. Aachener Stiftung Kathy Beys. Online verfügbar unter http://www.nachhaltigkeit.info/artikel/13_bt_ek_mensch_umwelt_664.htm, zuletzt aktualisiert am 03.06.2012, zuletzt geprüft am 03.06.2012.

Aachener Stiftung Kathy Beys (2012): Lexikon der Nachhaltigkeit | Weltpolitik | Brundtland Bericht I Brundtland Report : Weltkommission für Umwelt und Entwicklung, 1987. Aachener Stiftung Kathy Beys. Online verfügbar unter http://www.nachhaltigkeit.info/artikel/brundtland_report_1987_728.htm, zuletzt aktualisiert am 23.02.2012, zuletzt geprüft am 03.06.2012.

Albrecht, Dorothee (2008): Management von Stakeholderbeziehungen mit dem EFQM-Modell. Untersuchung im Rahmen der Erarbeitung einer Nachhaltigkeitsstrategie der ABB Deutschland. Lüneburg: CSM, Lehrstuhl für BWL, insbes. Umweltmanagement. Online verfügbar unter http://www2.leuphana.de/umanagement/csm/content/nama/downloads/download_publikationen/69-6_download.pdf.

Bundesagentur für Arbeit (2009): Fachkonzept für berufsvorbereitende Bildungsmaßnahmen nach §§ 61, 61a SGB III. Online verfügbar unter http://www.arbeitsagentur.de/zentraler-Content/HEGA-Internet/A05-Berufl-Qualifizierung/Publikation/HEGA-11-2009-VA-Erg-BvB-Fachkonzept-Anlage-2.pdf, zuletzt aktualisiert am 18.11.2009, zuletzt geprüft am 12.06.2012.

Bundesagentur für Arbeit (2012a): GA Teil 1/Teil 2. Hg. v. Bundesagentur für Arbeit. Online verfügbar unter http://www.arbeitsagentur.de/zentraler-Content/E-Mail-Infos/pdf/E-Mail-Info-SGB-III-SGB-II-2012-06-13-Anlage-2.pdf, zuletzt aktualisiert am 13.06.2012, zuletzt geprüft am 25.06.2012.

Bundesagentur für Arbeit (2012b): Gesetzentwurf der Bundesregierung für ein Gesetz zur Verbesserung der Eingliederungschancen am Arbeitsmarkt. Gesetzbegründung. Hg. v. Bundesagentur für Arbeit.

Online verfügbar unter http://www.arbeitsagentur.de/zentraler-Content/A05-Berufl-Qualifizierung/A052-Arbeitnehmer/Publikation/pdf/Gesetzesbegruendung-Verbesserung-Eingliederungschancen.pdf, zuletzt aktualisiert am 28.02.2012, zuletzt geprüft am 18.06.2012.

Bundesministerium für Arbeit und Soziales (Hg.) (2011a): Eingliederungschancen erhöhen. bmas. Online verfügbar unter http://www.bmas.de/DE/Service/Presse/Pressemitteilungen/ampi.html, zuletzt aktualisiert am 20.05.2011, zuletzt geprüft am 18.05.2012.

Bundesministerium für Arbeit und Soziales (Hg.) (2011b): Eckpunkte für ein Gesetz zur Leistungssteigerung der arbeitsmarktpolitischen Instrumente. Bundesministerium für Arbeit und Soziales. Berlin. Online verfügbar unter http://www.lakberufsnot.eu/instrumentenreform/lak_info_5/20110331_eckpunkte_fuer_ge setz_arbeitsmarktpolitischer_instrumente.pdf, zuletzt geprüft am 18.05.2012.

Bundesministerium für Wirtschaft und Technologie (Hg.) (2012): Öffentliche Aufträge. Online verfügbar unter http://www.bmwi.de/BMWi/Navigation/Wirtschaft/Wirtschaftspolitik/oeffentliche-auftraege,did=190678.html, zuletzt aktualisiert am 04.04.2012, zuletzt geprüft am 17.06.2012.

Callsen, Söhnke (2012): Soziales Unternehmen. Meine Firma soll die Welt verbessern. Hg. v. Die Zeit. Online verfügbar unter http://www.zeit.de/karriere/beruf/2012-04/soziales-unternehmertum, zuletzt aktualisiert am 21.05.2012, zuletzt geprüft am 26.06.2012.

Das Europäische Parlament und der Rat der Europäischen Union (Hg.) (2004): Richtlinie 2004/18/EG des Europäischen Rates und Parlaments vom 31. März 2004. über die Koordinierung der Verfahren zur Vergabe öffentlicher Bauaufträge, Lieferaufträge und Dienstleistungsaufträge. Online verfügbar unter http://www.bmwi.de/BMWi/Redaktion/PDF/E/eg-vergaberecht-klassiche-richtlinie,property=pdf,bereich=bmwi,sprache=de,rwb=true.pdf, zuletzt aktualisiert am 29.04.2004, zuletzt geprüft am 17.06.2012.

David (2012): Preissenkung: Bahncard 25 für Studenten und Senioren nur noch 39 Euro statt 57 Euro | SPARWELT. Hg. v. www.Sparwelt.de. Online verfügbar unter http://www.sparwelt.de/bahncard-25-reise-guenstig-kaufen-.html, zuletzt geprüft am 12.06.2012.

Dehmer, Dagmar (2012): Was taugt das Abschlussprotokoll? „Die Zukunft, die wir wollen" steht über der Deklaration des Nachhaltigkeitsgipfels. Wird Rio dem hohen Anspruch gerecht? Hg. v. Cicero. Online verfügbar unter http://www.cicero.de/weltbuehne/nachhaltigkeitsgipfel-rio-was-taugt-das-abschlussprotokoll/49786, zuletzt aktualisiert am 25.06.2012, zuletzt geprüft am 26.06.2012.

Die Bundesregierung (2011): Antwort der Bundesregierung. Zukunft der Träger nach der Reform der Arbeitsmarktinstrumente. Hg. v. Bundesanzeiger Verlagsgesellschaft mbH. Berlin. Online verfügbar unter http://dipbt.bundestag.de/dip21/btd/17/067/1706721.pdf, zuletzt aktualisiert am 19.05.2010, zuletzt geprüft am 19.06.2012.

Dollinger, Bernd (2011): Ethik und Soziale Arbeit. In: Werner Thole (Hg.): Grundriss Soziale Arbeit. Ein einführendes Handbuch. 4. Aufl. Wiesbaden: VS, Verl. für Sozialwiss., S. 987–997.

Eckert, Werner (2012): SWR2 Meinung 19.6.2012. Jetzt reden sie wieder, ohne handeln zu können. SWR2. Online verfügbar unter http://www.swr.de/sport/erfolgsaussichten-von-rio-20plus/-/id=1208948/nid=1208948/did=9909524/18ys5ld/index.html, zuletzt aktualisiert am 25.06.2012, zuletzt geprüft am 26.06.2012.

Ernst, Alexandra Lilly (2008): Leitfaden zur Einführung von Qualitätsmanagement-Systemen in Arztpraxen nach DIN/ISO 9000. 1. Aufl. Bremen: Salzwasser-Verl.

Ferchhoff, Wilfried (2007): Jugend und Jugendkulturen im 21. Jahrhundert. Lebensformen und Lebensstile. 1. Aufl. Wiesbaden: VS Verl. für Sozialwiss.

Frankfurter Allgemeine Zeitung GmbH (2006): CDU: Merkel: Christliches Menschenbild bleibt Leitbild - Inland - FAZ. Frankfurter Allgemeine Zeitung GmbH. Online verfügbar unter http://www.faz.net/aktuell/politik/inland/cdu-merkel-christliches-menschenbild-bleibt-leitbild-1303759.html, zuletzt aktualisiert am 20.02.2006, zuletzt geprüft am 01.06.2012.

Geiger, Walter; Kotte, Willi (2008): Handbuch Qualität. Grundlagen und Elemente des Qualitätsmanagements: Systeme - Perspektiven. 5. Aufl. Wiesbaden: Vieweg.

Grosser QM-Dienstleistungen (Hg.) (2011): DIN EN ISO 9001 & ZERTIFIZIERUNG. (Kosten zur Zertifizierung). Online verfügbar unter http://www.qm-guru.de/quiz/ISO%209001%20Kosten/ISO%209001%20Kosten.htm, zuletzt aktualisiert am 09.11.2011, zuletzt geprüft am 21.06.2012.

Gysi, Dr. Gregor (2011): Kleine Anfrage. Zukunft der Träger nach der Reform der Arbeitsmarktinstrumente. Unter Mitarbeit von Diana Golze Matthias W. Birkwald Heidrun Dittrich Werner Dreibus Klaus Ernst Katja Kipping Jutta Krellmann Cornelia Möhring Kornelia Möller Yvonne Ploetz Ingrid Remmers Jörn Wunderlich Sabine Zimmermann. Hg. v. Bundesanzeiger Verlagsgesellschaft mbH. Berlin. Online verfügbar unter http://www.bagarbeit.de/data/bag/aktuelle-positionen/1706617_BT_Anfrage.pdf, zuletzt aktualisiert am 21.09.1999, zuletzt geprüft am 19.06.2012.

Hirano, Saki (2003): Agenda21. Hg. v. Unitat Nations. Unitat Nations. Online verfügbar unter http://www.un.org/esa/sustdev/documents/agenda21/english/Agenda21.pdf, zuletzt aktualisiert am 09.04.2003, zuletzt geprüft am 03.06.2012.

Hissnauer, Peter; Riemer, Dr. Sigurd (2012): DAkkSnews. Newsletter der Deutschen Akkreditierungsstelle GmbH. Hg. v. Deutsche Akkreditierungsgesellschaft. Meckenheim (2). Online verfügbar unter http://www.dakks.de/sites/default/files/shareddocs/DAkkS-News_2012-02_web1s.pdf, zuletzt aktualisiert am 08.05.2012, zuletzt geprüft am 19.06.2012.

International Federation of Social Workers: Definition of Social Work | IFSW. Online verfügbar unter http://ifsw.org/policies/definition-of-social-work/, zuletzt geprüft am 10.06.2012.

Keil, Ulf-Karsten (2012): Pressemitteilung Nr. 169 vom 16.05.2012. Hg. v. www.destatis.de. Statistische Bundesamt. Wiesbaden. Online verfügbar unter https://www.destatis.de/DE/PresseService/Presse/Pressemitteilungen/2012/05/PD12_169_13321.html, zuletzt aktualisiert am 21.05.2012, zuletzt geprüft am 18.06.2012.

Kneuper, Dr. Ralf; Sollmann, Frank (1999): Normen zum Qualitätsmanagement bei der Softwareentwicklung. Hg. v. www.kneuper.de. Online verfügbar unter http://www.kneuper.de/Publikationen/normen-software-entwicklung.pdf, zuletzt aktualisiert am 18.05.1999, zuletzt geprüft am 19.06.2012.

Kürschner-Pelkmann, Frank (2012): „Nachhaltige Entwicklung ist die einzige Option der Menschheit". Rio+20: Ein Gipfeltreffen endet mit Appellen – und ohne mutige Entscheidungen. Hg. v. Deutsche Gesellschaft für die Vereinten Nationen e.V.
Online verfügbar unter
http://www.menschlicheentwicklungstaerken.de/news00.html?&no_cache=1&tx_ttnews% 5Btt_news%5D=1098&cHash=52830430a279b35a77d17631d99e47b9, zuletzt aktualisiert am 25.06.2012, zuletzt geprüft am 26.06.2012.

Leitstelle Für Gewerbeförderungsmittel Des Bundes (Hg.) (2008): Leitstelle Für Gewerbeförderungsmittel Des Bundes. Online verfügbar unter http://www.leitstelle.org/b_allgemeines.php, zuletzt geprüft am 21.06.2012.

Majer, Helge (2004): Ganzheitliche Sicht von sozialer Nachhaltigkeit. Ulmer Initiativkreis nachhaltige Wirtschaftsentwicklung. Online verfügbar unter http://www.unw-ulm.de/pdf/pdf_doc_neu/Helge_Majer2/Soziale%20Nachhaltigkeit.pdf, zuletzt aktualisiert am 15.01.2004, zuletzt geprüft am 02.06.2012.

Paller, Andreas (2009): Die Entwicklung des Qualitätsmanagements und die Auswirkung auf die Betriebsorganisation und im soziokulturellen Handlungsfeld. Universität Wien. Wien. Online verfügbar unter http://othes.univie.ac.at/5417/1/2009-06-03_0702948.pdf, zuletzt geprüft am 07.06.2012.

Plicht, Hannelore (2010): Das neue Fachkonzept berufsvorbereitender Bildungsmaßnahmen der BA in der Praxis. Ergebnisse aus der Begleitforschung BvB. IAB Forschungsbericht 7/2010. Hg. v. Institut für Arbeitsmarkt- und Berufsforschung der Bundesagentur für Arbeit. Institut für Arbeitsmarkt- und Berufsforschung. Online verfügbar unter http://doku.iab.de/forschungsbericht/2010/fb0710.pdf, zuletzt aktualisiert am 13.07.2010, zuletzt geprüft am 17.06.2012.

Ratschinski, Günter; Ariane, Steuber (2011): Ausbildungsreife. Perspektiven Eines Kontrovers Diskutierten Konstrukts: Vs Verlag Für Sozialwissenschaften.

Sedmak, Clemens (Hg.) (2008): Sozialverträglichkeitsprüfung. Eine europäische Herausforderung. Unter Mitarbeit von Jakob Reichenberger. 1. Aufl. Wiesbaden: VS, Verl. für Sozialwiss.

Seithe, Mechthild (2012): Schwarzbuch soziale Arbeit. 2. Aufl. Wiesbaden: VS Verlag für Sozialwissenschaften.

Staub-Bernasconi, Silvia (2007): Soziale Arbeit: Dienstleistung oder Menschenrechtsprofession? Zum Selbstverständnis Sozialer Arbeit in Deutschland mit einem Seitenblick auf die Internationale Diskussionslandschaft. In: Andreas Lob-Hüdepohl und Walter Lesch (Hg.): Ethik Sozialer Arbeit. Ein Handbuch. Unter Mitarbeit von Axel Bohmeyer und Stefan Kurzke-Maasmeier. Paderborn: Ferdinand Schöningh GmbH & Co. KG, S. 20–54.

Stein, Tine (2010): Genesis und Geltung. Die politiktheoretische Bedeutung der biblischen Erzählungen für die Idee der Menschenrechte. In: Antonius Liedhegener und Ines-Jacqueline Werkner (Hg.): Religion, Menschenrechte und Menschenrechtspolitik. 1. Aufl. Wiesbaden: VS Verlag für Sozialwissenschaften.

Stennkamp, Ursel (2009): Einführung ISO 9000 ff. Agentur für Erwachsenen- und Weiterbildung. Online verfügbar unter http://www.aewbnds.de/cms/images/stories/Qualitaetsmanagement/einfuehrung_iso_9001.pdf, zuletzt aktualisiert am 20.01.2009, zuletzt geprüft am 09.06.2012.

Steven, Marion (2007): Handbuch Produktion. Theorie - Management - Logistik - Controlling. Stuttgart: Kohlhammer.

Stuckstätte, Eva Christina (2001): Jugendberufshilfe auf neuen Wegen. Einblicke in sozialpädagogische Arbeitsansätze der Benachteiligtenförderung. Münster: Lit.

Verband der Solidarität freier Wohlfahrtsorganisationen e.V. (Hg.) (2011): Info-Brief August 2011. Arbeitsmarktpolitischer Infodienst August 2011. Online verfügbar unter http://www.gab-verband.de/content/content_download/august.pdf, zuletzt aktualisiert am 31.08.2011, zuletzt geprüft am 19.06.2012.

von Stuckrad, Kocku (2006): Die Rede vom „Christlichen Abendland". Hintergründe und Einfluss einer Meistererzählung. In: Christian Augustin, Johannes Wienand und Christiane Winkler (Hg.): Religiöser Pluralismus und Toleranz in Europa. 1. Aufl. Wiesbaden: VS Verlag für Sozialwissenschaften.

Waldmann, Dr. Bettina (2009): Bundesanzeiger. Bekanntmachung der Vergabe- und Vertragsordnung für Leistungen- Teil A. (VOL/A) Ausgabe 2009. Hg. v. Bundesministerium fuer Justiy. Bundesministerium fuer Justiy. Berlin (196a). Online verfügbar unter http://www.bmwi.de/BMWi/Redaktion/PDF/Gesetz/verdingungsordnung-fuer-leistungen-vol-a-2009,property=pdf,bereich=bmwi,sprache=de,rwb=true.pdf, zuletzt aktualisiert am 14.12.2009, zuletzt geprüft am 17.06.2012.

Weil, Mareike (2009): Von der Schule in den Beruf. In: Rolf Becker (Hg.): Lehrbuch der Bildungssoziologie. 1. Aufl. Wiesbaden: VS Verlag für Sozialwissenschaften.

Bundesagentur für Arbeit (Hg.) (2012d): Akkreditierung und Zulassung ab 01.04.2012. Bundesagentur für Arbeit. Online verfügbar unter http://www.arbeitsagentur.de/nn_164936/zentraler-Content/A05-Berufl-Qualifizierung/A052-Arbeitnehmer/Allgemein/Akkreditierung-und-Zulassung-ab-2012-04-01.html, zuletzt aktualisiert am 15.06.2012, zuletzt geprüft am 19.06.2012.

Deutsches Institut für Normung (Hg.) (2012a): Deutsches Institut für Normung : Chronik. Deutsches Institut für Normung e.V. Online verfügbar unter http://www.din.de/cmd?level=tpl-unter-rubrik&menuid=47391&cmsareaid=47391&cmsrubid=47514&menurubricid=47514&cmssubrubid=47520&menusubrubid=47520&languageid=de, zuletzt geprüft am 17.06.2012.

Deutsches Institut für Normung (Hg.) (2012b): Deutsches Institut für Normung : Entstehung einer Europäischen Norm. Deutsches Institut für Normung e.V. Online verfügbar unter http://www.din.de/cmd?level=tplunterrubrik&menuid=47390&cmsareaid=47390&menurubricid=47498&cmsrubid=47498&menusubrubid=47510&cmssubrubid=47510, zuletzt geprüft am 17.06.2012.

Tagesschau (2012): Hintergrund: Was die offizielle Arbeitsmarktstatistik verbirgt. Online verfügbar unter http://www.tagesschau.de/wirtschaft/hintergrundarbeitslosenzahlen100.html, zuletzt aktualisiert am 01.01.2012, zuletzt geprüft am 18.06.2012.

Quellenverzeichnis

Huppertz, Dirk (2012): Standardisierte Managementsysteme. Online verfügbar unter http://www.ping.de/sites/canetti/standard.management.systeme.html, zuletzt aktualisiert am 03.01.2012, zuletzt geprüft am 27.09.2012.

Kaim, Reinhold: DIN EN ISO 9000 Familie. Online verfügbar unter http://blog.vorest-ag.com/vorest_aktuell/iso-9001-anforderungen-verstehen-und-umsetzen/, zuletzt geprüft am 27.09.2012.

Nagel, Christoph; c:j:f:nagel multimedia- und presseservice; Hamburg: INSZENA NEW CONSULTING GROUP. Online verfügbar unter http://www.inszena.de/un_grundsaetze.php, zuletzt geprüft am 27.09.2012.